KB117505

의무란
무엇인가

의무란
무엇인가

마스크 시대의 정치학

리하르트 다비트 프레히트 지음

박종대 옮김

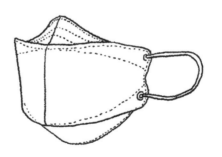

일러두기
• 이 책의 각주는 모두 옮긴이주이다.

이 책은 실로 꿰매어 제본하는 정통적인 사철 방식으로 만들어졌습니다.
사철 방식으로 제본된 책은 오랫동안 보관해도 손상되지 않습니다.

서로 참고 용서하라

― 골로새서 3장 13절

차례

1
코로나 시대의 의무

2020년 이후 여러 측면에서 당혹스럽고 슬프지만 굉장히 인상적인 사건이 세상을 덮쳤다. 코로나19 팬데믹이라는 이례적 사건이다. 지금껏 세계적으로 200만 명이상의 사망자를 야기한 이 바이러스는 적어도 지난 반세기 동안에는 인류가 겪은 적이 없는 세계 최대의 전염병이다. 정확히 말하면 1968년부터 1970년까지 전세계에서 100만~200만 명이 희생된 것으로 추정되는 홍콩 독감 이후 처음이다. 당시 서독과 동독에서만 이병으로 4만~5만 명이 목숨을 잃었다.

이번 사건이 특히 당혹스러운 것은 독일 국민 대다수가 지금껏 팬데믹을 한 번도 경험한 적이 없고, 설사 예전에 홍콩 독감이나 1957~1958년의 아시아 독감 사태를 겪었다고 해도 이번처럼 강력하게 의식하거나 일상에서 생생하게 느낀 적이 없기 때문이다. 이 두 전염병은 많이 알려지지도 않았고, 언론이 주목하는 사건도 아니었다. 전염병과 유행병은 항상 우리와 동떨어진 것으로 여겨졌고, 기껏해야 남의 생명과 관련된 이야기라고 생각했다. 혹은 세계적으로 지금까지 3500만 명이 죽은 에이즈처럼 자기만 조심하면 거의 완벽하게 피할 수 있다고 믿었다. 이렇듯 유행병에 대한 우리의 일반적 인식과 대중 매체의 오랜 망각 속에서 작금의 코로나19 팬데믹은 유례없는 사건처럼 우리에게 다가온다. 그것도 과거 어느 때보다 크나큰 경제적 번영과 평화를 누리는 독일 같은 복지 국가에서는 더더욱 충격적이고 혼란스러운 사건으로 느껴진다.

인간들은 갑작스럽게 덮친 이 재앙을 해석하지 못한다. 인간의 머리로는 이해가 되지 않는 것을 해석을 통해 정연하게 가둘 적절한 틀이 보이지 않는다. 인간의 악행에 대한 보편적 심판자이자 보복자로서 역사에서 그렇게 자주 선의의 가해자 역할을 했던 신(神)도 세속화된 21세기에는 설 자리가 없다. 교회도 마찬가지다. 역사상 인간의 무도한 행위에 대해 더는 미루어질 수 없는 최후의 심판을 그렇게 자주 예고했던 교회조차 겸

허하게 침묵하고 있다. 일부 걱정 많은 생태학자들이 사도와 같은 사명감에 사로잡혀 코로나 바이러스를 인간의 무분별한 착취를 견디다 못한 자연의 복수로 해석하려 들지만, 그 속에 담긴 형이상학적 설명과 복수의 판타지는 공허하기 짝이 없다. 오늘날 인간이 지구의 물리적·생물학적 환경에 과거 어느 때보다 큰 상처를 입힌 것이 사실이라고 해도 그 때문에 자연이 새로운 바이러스를 만들어 냈을 리 없다. 기껏해야 자연 공간의 축소와 밀집해서 사는 인간들, 글로벌한 항공 여행과 수송으로 전염병이 더 빨리 확산되었을 뿐이다. 그걸 걱정하는 것은 여전히 인간이지, 복수심에 불타는 생물권이나 동물계가 아니다. 그렇다면 결론은 분명해 보인다. 코로나는 인간 세상의 불의나 파괴된 옛 질서에 대한 심판이 아니다. 환경 보호 운동가들도 자신을 비밀 결사대 같은 형이상학자로 착각하지 않는다. 코로나19는 어떤 형태로건 인간의 잘못과 죄악에 대한 응징이 아니다. 생각해 보라. 홍콩 독감과 아시아 독감, 스페인 독감, 콜레라, 영국 속립열, 에볼라가 대체 누구를 무엇 때문에 응징한단 말인가?

그렇다면 독일에서만 수만 명의 목숨을 앗아 간 이

슬픈 사건이 어떻게 특정 관점에서는 인상적일 수 있을까? 아니, 인상적인 것을 넘어 심지어 안심이 될 수 있을까? 이유는 이렇다. 독일 같은 현대적 〈돌봄 및 대비 국가〉는 이전의 팬데믹 때와는 달리 끊임없이 상황에 대한 새로운 평가 속에서 시민과 합심해서 재앙의 범위를 축소하고 바이러스에 의한 희생자를 줄이려고 애쓰기 때문이다. 팬데믹 시대의 자유민주주의 체제에서 국가에 대한 신뢰도는 상당히 상승했고, 그와 동시에 책임 있는 정치인의 인기도 높아졌다. 그러나 무엇보다 인상적인 것은 무수한 설문 조사로 확인된 것처럼 많은 독일 시민들의 태도였다. 그들은 전염병으로부터 자기 자신만 보호한 것이 아니라 사회적 약자와 바이러스에 특히 취약한 사람들과 연대했다.[1] 게다가 놀라울 정도로 많은 시민이 건강을 지키기 위해 국가적 조치를 준수하고 있다. 이런저런 규정의 세세한 면에서는 생각이 다르더라도 일반적으로는 그런 조치들이 옳다고 여기기 때문이다.

문화 규범이 삐걱거리고, 환경과 세상에 적응하기 바쁘던 우리의 자동화된 일상적 생활 리듬이 심각하게 교란될 정도로 마비된 예외적인 시기에서야 그 사회의 특성이 완연히 드러난다. 또한 그것은 일상의 루틴보다 더 뚜렷하게 우리의 입장과 태도, 심리 상태를 특징적으로 잘 보여 준다. 그렇다면 2020년과 2021년의 사건들은 현재의 독일 모습을 잘 보여 주는 자화상이나 다름없다. 따라서 이제 사회학자와 사회 심리학자, 개인 심리학자는 할 일이 태산이고, 대중 매체의 예언자들은 대중의 심리 상태의 변화와 사회의 구조적 변화, 새로운 규범과 표준, 또는 완전히 새로운 시대의 특성을 신속하게 진단 내리고 있다.

정치에 관심이 많은 철학자로서 내가 천착한 질문은 다음과 같다. 예부터 철학의 화두 중 하나였던 권리와 의무는 오늘날 어떻게 인식되고 있을까? 한 국가의 구성원으로 인간은 스스로를 어떻게 생각할까? 국민으로서의 권리는 무엇이고, 의무는 어디에 있다고 여길까? 의무와 권리, 위험과 조치, 이성적 냉철함과 광기, 삶과 죽음 사이의 긴장 관계는 어떤 모습을 띠고 있을까? 이와 관련해서 코로나 사태가 현재의 사회적 상태에 대해 말해 주는 바는 무엇일까?

〈의무〉라는 개념은 낡은 느낌이 든다. 가끔은 현대 국가와 한참 거리가 먼 19세기 〈시민 사회〉 시대의 단어

처럼 들리기도 한다. 하지만 의무는 21세기에도 우리와
상관없는 낡은 유물이 아니다. 의무를 단순히 납세의
의무나 지불과 신용의 의무, 또는 형법에 의한 잠재적
위협으로만 환원할 수 없는 납득할 만한 이유는 여전히
존재한다. 고대와 중세에서 돌봄과 보호, 공동체에 대
한 참여와 봉사를 뜻했던 〈의무〉는 소중한 사회적 자산
이다. 프리드리히 니체의 말을 빌리자면 의무란 곧 〈우
리에 대한 타인의 권리〉이기도 하다. 그럼에도 세금과
지불의 의무, 형법으로 위협하는 의무 외의 다른 의무
는 최대한 인정하지 않으려는 〈자유주의적〉이거나 심
지어 〈무정부주의적〉인 색채를 띤 생각은 굉장히 특이
하면서도 가끔은 고약한 자기 오해에 불과하다.

　의무감을 느끼고, 남에게 의무가 있다고 생각하는 것
은 전근대적인 잔재가 아니다. 단순히 자신의 권리를
요구하는 것에 그치지 않고 타인의 그런 권리를 인정하
면서 그들에게 적절한 방식으로 행동하는 것은 개인적
으로건 사회적으로건 결코 해악이 될 수 없다. 여기서
의무란 보란 듯이 내세우는 것이 아니라 심적 태도의
일부로서 자기 속에 품고 있는 것이다. 타인에 대해, 때
로는 자신에게 의무를 부여한 기관에 대해, 그리고 무

엇보다 자기 자신에 대한 태도의 일부로서 말이다.

코로나 위기는 의무와의 관계로만 보면 집광 렌즈 같다. 오늘날 인간들이 사회적으로 심각한 불안과 불확실성과 마주할 때 어떤 태도를 취하는지를 솔직하게 보여 주기 때문이다. 인간은 생물학적으로 굉장히 취약한 존재로서 전염성이 높은 병이 찾아오면 타인과 의학적 운명 공동체로 엮일 수밖에 없다. 이런 상황에서 인간의 태도는 알베르 카뮈가 『페스트』에서 묘사한 것처럼 실존적이다. 그로써 우리가 바이러스와의 관계에서 취하는 모든 태도는 더 이상 순수한 개인적 사안이 될 수 없다. 다시 말해 그것은 단순히 개인적 삶의 윤리에 그치는 것이 아니라 공동 생활 윤리의 일부이고, 그런 점에서 곧 의무와 책임의 문제이기도 하다.

제2차 세계 대전을 경험하지 않은 대다수 독일인에게 코로나로 인한 사회적 예외 상황은 완전히 처음 겪는 일이다. 우리는 자연에서 비롯된 대부분의 불쾌한 일들을 위생과 복지로 충분히 극복했다고 믿지 않았던가? 대량 죽음과 같은 일도 오랜 평화기와 함께 남의 일처럼 여기지 않았던가? 심혈관계 질환이나 암 같은 통상적 현상이 우리 삶 속으로 슬금슬금 파고들 때조차 죽음은 개인적 사안이 아니던가? 내 병이 남의 목숨까지 위험에 빠뜨리지는 않기 때문이다. 게다가 독일처럼 기술을 통해 〈문제〉를 해결하는 데 익숙한 사회는 시민들에게 대체로 집단적인 행동 변화를 강요하지 않는다. 삶과 죽음이 걸린 문제에서도 말이다. 집단적인 강요라고 해봤자 기껏 자동차 안전벨트 착용 의무와 공중위생을 위한 조치로서 공공 장소에서의 흡연 금지만이 어렴풋이 떠오를 뿐이다. 물론 그런 제도가 처음 시행될 때는 무슨 그런 규제가 있느냐며 항의의 목소리가 높았지만, 지금은 언제 그랬느냐는 듯 당연하게 받아들인다.

이런 배경에서 볼 때 코로나19 위기 속에서 국가가 시민에게 행동 변화를 강요하는 조치는 일부 사람에게 굉장히 폭력적이고 당혹스러운 느낌으로 다가온다. 그런 사람들의 생각은 분명하다. 자유민주주의 체제라면 국가가 전체적으로 모임의 인원수를 제한하거나 사람 간의 적절한 거리를 강제할 것이 아니라 개인의 자율적 이성에 맡겨야 하지 않을까? 국가가 그런 식으로 시민의 사생활에 개입할 권리가 있을까? 시민의 도덕심에 호소하고 공동 생활의 윤리를 촉구하는 일 정도로 그쳐야 하지 않을까?

행동 변화에 대한 요구는 반발을 부른다. 그건 어린 아이 때도 그렇지만, 무엇이 옳은지 스스로 판단할 수 있다는 자의식으로 무장한 성인이라면 더더욱 그렇다. 따라서 연대에 대한 국가적 호소가 목소리 큰 소수의 반발뿐 아니라 다수의 인식으로부터도 안전하지 못하다는 것은 이상한 일이 아니다. 약자와의 연대를 요구하는 사람은 그에 상응하는 탈연대도 예상해야 한다. 탈연대의 동기는 많다. 진정한 동기든 표면적으로 내세우는 동기든 간에 말이다. 두 가치가 충돌할 때 어느 것을 더 선호해야 할지, 또한 둘 사이의 적절한 균형을 어떻게 이룰 수 있을지의 문제는 답을 찾기 쉽지 않다. 선택에 따른 경제적 피해를 예상해야 하고, 부작용도 충분히 고려해야 하기 때문이다.

물론 양로원에 있는 사람은 고독하게 죽느니 차라리 코로나로 죽겠다고 결정할 권리가 있다. 그러나 양로원에는 그들만 있는 것이 아니다. 그들의 결정으로 많은 타인의 생명이 위험해질 수 있다. 완벽한 탈연대, 즉 남에게 아무 영향을 주지 않는 탈연대는 좀 다를 수 있지만, 그 외의 탈연대는 회의적이다. 그렇다면 의문이 든다. 이런 탈의무를 실질적으로 정당화할 만큼 강력한 논거는 과연 존재할까? 왜냐하면 개인의 결정 동기가 무엇이든 간에 코로나19 문제에서 판단의 근거는 결국 삶과 죽음 사이를 오가기 때문이다. 즉, 바이러스의 무차별 선택으로부터 최대한 많은 생명을 구할 것인가, 아니면 코로나에 특히 취약한 사람들을 그냥 죽게 내버려둘 것인가?

대다수 사람은 현 상황을 제대로 이해하고, 모든 조치는 아니지만 많은 조치에 대해 전반적으로 공감을 표하면서 배려를 실천한다. 반면에 지극히 반항적인 사람은 몰이해와 부족한 공감 능력, 모자란 배려로 인해 양자택일적 해석의 혼탁한 바다에 빠지고 만다. 이들은 대개 평소에도 기질적으로 모든 국가적 조치에 트집을 잡는 사람들이다. 이들보다 더 눈에 띄는 사람들은 목소리가 큰 소규모 집단이다. 그들은 말한다. 의무를 다하라고? 웃기는 소리! 내 행동을 바꿀 생각은 하지 말고 현실을 바꿔! 이런 태도도 현실이 얼마나 바뀌어야 한다고 생각하느냐에 따라 등급이 나뉜다. 스스로를 이기주의자나 연대 파괴자로 생각하는 사람은 거의 없기 때문에 이기주의와 연대 파기는 다른 부류의 인간들에게로 돌려진다. 이들은 내면의 악마가 내모는 대로 거침

없이 내달린다. 〈그런 조치들과 함께 사느니 차라리 코로나로 죽겠다!〉 그들의 시위 피켓에 적힌 내용이다. 그로써 그들은 약자를 의도적으로 죽게 내버려두는 행동에 찬성한다는 뜻을 공공연히 밝힌다. 그런데 이런 과격한 소규모 시위 집단과 다른 부류도 있다. 이들은 전염병 학자 중 절대 다수가 설명하는 내용을 의심하면서 그와는 다른 설명을 찾으려 한다. 다시 말해 바이러스의 유래와 작용, 전염에 관한 전문가들의 일반적인 설명 중에서 앞뒤가 좀 맞지 않거나 명확하지 않은 부분을 자기 입장의 출발점으로 삼고는 자신들의 사변적 가설에 확고한 근거가 되어 줄 주춧돌을 공상적인 것에서 찾는다.

이는 사회적 인플루언서들에게 각기 다른 이유에서 아주 좋은 먹잇감이다. 사실 코로나19로 탐정 놀이를 하고, 그 속에서 앞뒤가 맞지 않는 부분을 찾는 행위에는 악의가 없다. 일종의 진실 규명으로도 이해될 수 있다. 그러나 명확하게 밝혀지지 않은 세세한 부분에서의 이런저런 작은 의심이 강력한 혐의로 비화하고, 전반적인 불신을 낳고, 또 소문으로 확산되기 시작하면 진실 규명으로 시작한 일은 어느 순간부터 공개적인 낙인으로 굳어 버린다. 게다가 이런 인플루언서들의 의견에 기꺼이 화답하는 사람도 있다. 그들은 팬데믹과 관련한 여러 해석 중에서 자신의 성향과 맞는 것을 선택한다. 누군가는 좀 더 온건한 해석을, 누군가는 좀 더 과격한 해석을 선택하느냐의 차이만 있을 뿐이다. 그중 가장 온건한 해석은 코로나19를 하나의 독감으로 치부하는 일이다. 마치 〈독감〉으로 규정짓는 순간 코로나라는 마귀가 영원히 이 땅에서 추방되기라도 할 것처럼 말이다. 물론 코로나19 바이러스와 독감 바이러스는 실제로 그 비교가 틀렸다고만은 할 수 없을 정도로 많은 점에서 닮았지만, 그럼에도 둘은 기본적으로 결코 같지 않다. 하지만 불안감을 심리적으로 잘 극복하지 못하는 사람들은 코로나의 독감 규정을 잠정적인 버팀목으로 삼으면서 국가가 무슨 이유에서 코로나를 독감으로 인정하지 않는지 의문을 품는다. 그렇다고 국가와 보건 전문가들이 모두 순진한 바보라고 볼 수는 없기에 국가의 그런 태도에 음흉하고 불순한 동기가 숨어 있다고 생각한다.

이로써 어두운 음모론의 세계로 들어가는 문이 활짝 열린다. 인류 문화사에서 이런 이야기들은 늘 재앙과 파괴의 확실한 동반자였다. 이야기의 첫 장에는 항상 은밀한 유발자가 나온다. 실제로 2020년 3월의 음모론에도 그런 유발자가 등장했다. 바이러스와 백신 개발로 큰 이익을 볼 빌 게이츠, 월 스트리트, 다보스 세계 경제 포럼, 중국 당국이다. 혹은 심지어 현대적 악마로서 이 넷의 비열한 동맹을 거론하기도 한다. 그 밖에 바이러스를 원래 존재하지 않는 허구로 규정하는 버전은 꽤나 독창적이다. 아니면 코로나19보다 덜 치명적인 이전의 코로나 바이러스들을 언급하며 새 바이러스를 경솔하게 이전의 바이러스와 동일시하는 버전도 있다. 마치 원래 시간이 지나면 강력하게 바뀌는 것이 바이러스의 속성이 아니라는 듯이 말이다.

시민들의 공동체 의식에 대한 반감을 고조시키면서 2020년과 2021년 독일에서 탈연대 시위에 나선 사람들은 전문가 의견과 국가적 조치의 일부 부조리함에 대한 자기들의 예민한 촉수를 자랑스러워한다. 그러나 그런 섬세한 차별화에 힘을 다 소모했는지 바이러스의 존재를 부정하거나 빌 게이츠 탓으로 돌리는 이들, 혹은 바이러스를 위험하지 않은 것으로 여기는 이들과 함께 시위하면서도 전혀 가책을 느끼지 않는다. 다양하고 조야한 설명들은 밖에서는 보이지 않을 만큼 잘 밀폐되고 간명한 제목이 붙은 용기처럼 계속 전달된다. 빌 게이츠가 시애틀의 한 요사한 연구실에서 중국인들과 협력하거나 아니면 중국인들에게 타격을 가하기 위해 존재하지 않거나 위험하지 않은 바이러스를 만들어 냈을 거라는 생각은 자기 의심이라고는 전혀 없는 뇌에서나 떠오를 망상이다. 게다가 어떻게 딱 한 바이러스만 빌 게이츠가 인류의 몸에 마이크로칩을 심는 데 적합할 수 있는지에 대한 의구심도 갖지 않는다. 한 시위대의 공공연한 에코 체임버*에서는 단편적으로 옳은 것이 자의식의 모든 성찰 요구를 아무렇지 않게 묵살해 버린다. 그로써 그들의 머릿속에는 오직 그들만의 진실이 자리 잡는다. 다른 모든 이들이 거짓말을 하고 있다고 믿기 때문이다.

어떤 생각이 오직 남들이 모두 거짓말을 하고 있다는 이유만으로 진실이 될 때는 진실에 대한 견고한 논리적 일관성과 상호 연관성에 대한 요구는 문제시되지 않는

---

* Echo Chamber. 반향실(反響室). 반향실에서 하나의 소리가 울려 증폭되는 것처럼, 이 책에서는 정보와 신념이 하나로 증폭되거나 강화되는 현상, 즉 비슷한 성향의 사람들이 남의 정보와 의견을 불신하고 자신의 이야기만 진실로 믿는 현상을 가리킨다.

다. 심지어 그런 진실에 매몰된 분노는 5G 통신탑을 불태우는 행동으로까지 나아간다. 코로나19가 5G 전파에서 생성되거나 전파를 통해 확산된다는 음모론에 사로잡힌 영국인들이 벌인 행동이다. 그렇다면 세뇌가 몇몇 디지털 독점 기업이나 일부 국가에 의해 이루어지든, 아니면 이동 통신 장비나 마이크로칩, 혹은 강제 이식에 의해 이루어지든 여기에 의미 있는 차이는 보이지 않는다. 단 하나 중요한 차이가 있다면 거짓말의 주체가 국가냐, 의료 전문가냐, 아니면 대중 매체냐 하는 것뿐이다. 아무튼 이런 거짓말에 저항하는 사람은 자동으로 진실의 편에 서게 된다. 이는 애초에 증명할 필요가 없다. 저항 행위 자체가 이미 증명이기 때문이다. 〈권력의 거짓에 동조하지 않고 음모를 밝히는 사람은 진실을 말한다. 따라서 내가 서 있는 곳이 옳다.〉

그런데 코로나 시위에 참여하고, 그곳이나 다른 곳에서 마스크를 착용하지 않고, 게다가 거리두기조차 지키지 않는 것은 결코 영웅적인 행동이 아니다. 객관적으로 볼 때 그건 일단 탈연대적인 행위이자 국민으로서의 요구를 자발적으로 따르지 않는 탈의무적 행위일 뿐이다. 이런 행위의 가치는 신념으로서의 저항 행위 자체에서 나오는 것이 아니다. 시민 불복종에 대한 평가는 무엇에 불복종했는지에 따라 내려져야 한다.

탈연대를 주장하는 대다수 사람들에게 불복종의 대상은 국가다. 팬데믹 시대에는 〈은밀하게 숨어 있어야 하는데 밖으로 튀어나온〉(프리드리히 셸링) 섬뜩한 것을 통해 질병과 파멸, 죽음이 선명하게 모습을 드러낸다. 베르가모와 뉴욕, 또는 브라질의 모습을 떠올려 보라. 독일에서는 코로나19로 죽은 사람을 하나 건너 아는 정도일 때가 많지만 이들 도시에서는 그런 희생자가 더 쉽게 눈에 띈다. 물론 독일에서도 죽음은 멀지 않은 곳에서 수시로 발생한다. 비록 매일 발표되는 통계와 그래픽, 도표, 수치의 형태로 나타날 뿐이지만. 그럼에도 팬데믹은 우리 눈에 그 자체로 포착되지는 않는다. 반면에 국가는 명령과 경찰을 통해 평소보다 훨씬 더 쉽게 눈에 띈다. 국가의 대리인과 의사, 전염병 전문가들은 가끔은 부탁하고 호소하기도 하지만, 대체로 강력히 요구하는 태도 속에서 팬데믹의 얼굴이 된다. 그러다 보니 스스로 인정할 수 없는 이 코로나 위기 상황에서 탈연대의 태도를 취하는 사람들은 팬데믹의 발생 문제와 관련해서 메워지거나 채워지지 않는 빈틈에 〈나쁜〉 국가를 집어넣음으로써 자신들의 음모론을 완성하려 한다. 도덕이 효력을 발휘하지 못하고, 누구도 도덕에 의지하지 않을 때 일부 사람들은 절대적인 적을 필요로 하고, 그 적은 선과 악, 가해자와 피해자, 원인 제공자와 피해 당사자, 죄 있는 사람과 죄 없는 사람이라는 태곳적의 서사 구도로 이 위기를 해석할 수 있도록 돕는다. 이때 국가와 국가의 수많은 조력자를 가해자로 여기는 이들은 동화나 전설, 드라마와 영화에 빠지지 않고 등장하는 오래된 서사적 모티브를 고안해 낸다. 세계 지배의 숨겨진 욕망, 권력의 어두운 측면, 악의 이름으로 자행되는 기만과 현혹의 제어할 수 없는 의지가 바로 그것이다.

　정치적인 면에서 그런 서사적 모티브의 단골손님은 독재에 대한 꿈이다. 정치인들은 늘 독재를 꿈꾼다는 것이다. 현실 독재자들은 사실 팬데믹을 다루는 구태의연한 방식에서 본색이 드러난다. 이들은 책임감 있는 민주주의자들과는 달리 시민의 반응 따위에는 구애받지 않기에 그들을 성의 있게 돌보지 않는다. 그게 현실 독재자의 모습이다. 그럼에도 독일에서 팬데믹 상황에 연대를 거부하는 인간들은 독일의 최고위급 정치인들이 코로나 조치를 통해 독재를 준비하고 있다는 허황한 주장으로 자신들의 행위를 정당화한다. 게다가 그런 점에선 세계의 다른 모든 정부도 마찬가지라는 것이다. 그들의 주장이 옳다면 정치 영역은 무슨 일이든 할 수 있는 범죄자와 자기 행동의 결과를 가늠하지 못하고 무작정 그 범죄자를 따르는 유용한 바보들로만으로 구성되어 있을 것이다.

국가의 조치를 아무리 근본적으로 불신하더라도 모두가 독일이 딥 스테이트*, 즉 민주주의를 장기적으로 완전히 무력화시키려고 코로나19 사태를 이용해 모든 행정 권력을 좌지우지하려는 소수의 독재 국가로 나아가고 있다고 생각하지는 않는다. 그런데 일부 사람들은 코로나 위기 국면에서 자신이 국가에 의해 아무 잘못 없이 방에 갇힌 아이처럼 벌을 받고 있다고 느낀다. 그러면 그들의 머릿속에는 이런 생각이 자리 잡는다. 〈국가는 부당하게 자식을 괴롭히는 권위적인 부모와 비슷하다.〉 이로써 현대적 돌봄 및 대비 국가에서 권리와 의무로 촘촘히 짜인 섬세한 조직은 날카로운 칼로 절단되

* Deep State. 권위주의 정부에서 암약하는 민주주의 제도 밖의 숨은 권력 집단. 그림자 정부라고도 한다.

고, 제한된 권리만 테이블 위에 보이고 나머지는 바닥으로 굴러 떨어진다. 애초에 국가를 시민의 기본권을 자의적으로 망가뜨리는 존재로 생각하는 사람은 국가에 온갖 음험한 동기가 숨어 있다고 쉽게 믿어 버린다. 따라서 보이지 않는 바이러스는 퇴치할 수 없더라도 최소한 바이러스를 억제하려고 애쓰는 가시적인 국가는 물리칠 수 있다고 생각한다. 이런 식으로 국가는 곧 무시무시한 바이러스가 되고, 건강 위기는 국가 인식의 위기가 된다.

이런 생각을 하는 사람들에게는 현실 독재 체제하에서라면 국가를 격렬하게 비난하거나 심지어 악으로 여기는 시위를 아예 벌일 수도 없을 거라고 지적해도 별 소용이 없다. 또한 독재 체제에서는 정부 정책에 반대하는 단체나 조직은 애초에 설립이 불가능하고, 항의와 불평은 원칙적으로 허용되지 않으며, 언론을 비롯해 소셜 미디어까지 억압받거나 철저한 검열에 시달릴 거라고 말해도 마찬가지다. 그들의 말대로라면 그런 어둠의 세력은 당연히 독일을 비롯해 전 세계 국가를 곧장 독재의 길로 이끌 단호한 조치들을 취해 나가야 할 텐데, 왜 그들은 그러지 못하고 몸을 사리는 걸까? 게다가 일부 코로나 시위자들은 독일에서 취해진 조치들을 〈1945년 이후 가장 거대한 문명의 붕괴〉라고까지 주장하며, 한국 전쟁과 베트남 전쟁, 중국 문화 혁명, 그리고 폴 포트의 대학살 같은 역사는 전혀 모르는 인간들처럼 군다. 지금의 조치가 문명의 붕괴라는 주장이 사실이라면 그들은 이미 오래전에 철창에 갇혔거나 온 가족이 몰살되었을 것이다. 그러나 그런 일은 벌어지지 않고 있다. 그들은 지금도 아무 방해 없이 소셜 네트워크 채널을 운영하고, 아무 위험 없이 스스로를 계몽주의자나 독재의 저항자로 내세우며 뿌듯해한다.

질병 감염에 특히 쉽게 노출된 사회적 약자와 연대하라는 요구에서 〈파시즘〉의 징후를 읽는 것은 한마디로 역사의 슬픈 코미디다. 파시스트들이 언제부터 그렇게 약자들을 위했고, 민주주의자들은 언제부터 그렇게 돌봄과 배려의 계율을 내팽개쳤던가? 팬데믹 와중에 연대와 의무를 저버린 이들은 이 세상을 자기 마음에 드는 모습으로 해석하기 위해 역사 속에서 아무 모델이나 끄집어낸다. 이렇게 해서 국가 – 조치 – 명령 – 기본권 제한으로 이어지는 일련의 고리가 느닷없이 〈파시즘〉의 이미지와 연결된다. 그와 함께 불안하던 마음이 빠르게 진정된다. 이제 그들의 관념 세계는 불분명하던 것을 분명하게 드러내는 구호와 슬로건으로 가득 찬다. 모두 판타지가 만들어 낸 것들이다. 그들은 자신의 선한 신념을 파시스트와 원인 유발자, 공범자, 아무 생각 없이 따르는 바보들로 이루어진 현 국가와 대립시킴으로써 가슴이 뻥 뚫리는 쾌감을 맛본다. 그들이 보기에 코로나 사태에 책임 있는 사람은 분명히 존재한다. 그 집단과 무리의 이름을 명쾌하게 부를 수 있을 때, 그러니까 비열한 동기를 가진 억만장자와 유대인, 부패한 정치인, 매수된 언론인과 지식인, 그 밖의 다른 혐의자들에게 이 사태의 책임을 지울 수 있을 때 꽉 막혀 있던 세계의 숨이 툭 트이면서 본래의 진실이 숨김없이 드러난다.

예전에는 이런 당혹스러운 생각이 종교적 미혹과 교육의 결핍, 세계에 대한 무지에서 비롯되었다면 오늘날에는 책이나 특히 영화의 허구적 상상에서 자양분을 듬뿍 공급받는다. 그것들의 허구적 서사 구조가 은밀하게 일상의 해석적 모델과 연결되어 있기 때문이다. 게다가 주위 모든 사람들에게서 이해받지 못하던 영화 속 주인공이 마침내 거대한 음모와 흉계를 알아내듯 그들 역시 온갖 시련에도 불구하고 코로나19 팬데믹을 누군가에 의해 〈만들어지고 연출된 것〉으로 믿는다. 그러면 스스로 마치 사악한 〈주류〉에 맞서 싸우는 소수의 영웅 같은 기분이 든다. 그들은 각자 외로운 투사이자, 세상의 진실을 알고 있다는 이유로 뿔뿔이 흩어져 싸워야 하는 핍박받는 레지스탕스다. 낮이면 홀로 투쟁하다가 밤이면 소셜 미디어의 전자 모닥불 가에 앉아 동지들과 따뜻하게 의견을 주고받고, 다시 고독하게 차갑고 적대적인 세계 속으로 돌아간다. 이 소수 레지스탕스 집단 내에서는 케케묵은 편견과 다듬어지지 않은 의견도 무엇이건 환영이다. 중요한 건 〈주류〉에 반대하는 것이기 때문이다. 그들 집단의 심리적 면역 체계는 행복한 일체감으로 함께 행진하고 한목소리로 어리석은 구호를 힘껏 외치는 가운데 더욱 강화된다. 대중 매체에서 이야기하는 것은 원칙적으로 모두 믿지 않는 반면에 인터넷에서는 참된 믿음의 무한한 공간이 열리고, 여기서는 **의혹의 자발적 보류** 속에서 온갖 난삽하고 터무니없는 생각들이 마음껏 펼쳐진다.

자기들 패거리 속에서의 포근함, 자랑스러운 저항 행위, 올곧은 권리 수호, 심지어 피해자 코스프레까지. 독일 연방 공화국의 역사에서 지금껏 조금의 위험도 감수하지 않고 뭔가를 증명할 필요도 없이 이렇게 천박하고 저속한 방식으로 자신을 드높이는 일은 거의 없었다. 그들은 스스로 올곧다고 생각한다. 올곧게 행동해서가 아니다. 오직 부패한 자들에게 칼끝을 겨누고 있기 때문에 그렇게 믿는 것이다. 유튜브 동영상에서 맥락과 상관없이 싹둑 잘라낸 말들을 악의적으로 해석하는 것은 그들에게 악의적인 고발이 아니라 올곧은 자세다. 남들을 공격적으로 욕하는 것도 자기 방어이자 시민의 의무다. 하필 네오 나치와 제국 시민* 같은 파시스트들과 나란히 행진하면서 파시즘을 경고하는 것도 어리석은 자기 모순이 아니라 비상한 시대적 명령이다. 이렇듯 오늘날 그들은 자랑스럽고 대담하게 이성과 반대로 생각한다. 오직 의학적 예외 상황에서 국민의 의무로부터 도망치기 위함이다. 진실을 보지 못하는 자들을 비웃으면서 말이다.

국가의 보건 조치에 반발하고 분노하거나, 무엇이건 비틀어서 생각하는 인간들의 오해는 그 생각의 얕음에

---

* 독일 연방 공화국을 인정하지 않고 지금도 자신들이 1871년에 설립된 독일 제국의 일원이라고 주장하는 극우파.

서 쉽게 드러난다. 그들은 국민으로서 의무를 다하라는 요구를 파시즘 및 독재와 동일시한다. 이유는 두 가지다. 한편으론 그런 의무가 얼마 전까지는 듣도 보도 못한 것이기 때문이다. 사실 그런 요구가 필요한 상황이 거의 없었다. 다른 한편으론 의무감에 대한 호소 자체가 이미 그들에게 격한 반발을 불러일으키기 때문이다. 하지만 사실 여기서 결정적인 것은 의무 부과 자체가 아니다. 그보다는 국가가 부과하는 의무가 **어떤 종류**이고, **어떤 동기**에서 나온 것이냐 하는 점이다.

국가가 국민을 살인적인 침략 전쟁에 동원하거나 파시즘처럼 특정 인종을 악으로 몰아 죽이도록 강요하는지, 아니면 위험한 팬데믹의 시대에 특히 위험에 처한 시민을 보호하려고 하는지, 이 두 행동 사이에는 엄청난 차이가 있다. 팬데믹 시대의 그런 조치를 〈파시스트적〉이라고 말하는 것은 사회적·인종적 우월성에 기초한 국가 사회주의적 탈연대 국가를 사회적 약자를 보호하려는 독일 연방 공화국의 연대적 돌봄 국가와 도덕적으로 동일시한다는 뜻이다. 이는 악마와 천사가 결국 둘 다 신에게서 비롯되었다는 이유로 도덕적으로 동일시하는 것과 비슷하다. 또한 군국주의자와 평화주의자가 둘 다 강력한 소신에 따라 움직인다는 이유로 결국 같다고 생각하는 것과도 유사하다.

파시스트에 둘러싸인 사람은 자신의 도덕과 공감 능력이 괜찮은 상태인지 자문하지 않는다. 또한 파시스트들이 사실 파시즘에 대한 두려움과는 아무 상관없는 동기에서 출발한 자신들의 탈의무를 정당화하기 위해 그들을 이용하고 있는 건 아닌지 의심하지도 않는다. 코로나 시위에 참여하는 사람들은 대부분 무척 당당하다. 불안도 없고 겁도 없다. 스스로 도덕적으로 옳다고 믿는 자신감은 역사적으로 결코 새로운 현상이 아니다. 그럼에도 오늘날 믿음과 신념에 이르는 서양인들의 방식은 예전과 달라 보인다. 그들은 기독교나 보수주의, 자유주의, 마르크스주의처럼 폐쇄적이고 완결된 믿음 체계를 잘 받아들이지 않는다. 오히려 그들 스스로 믿음의 수공업자가 된다. 그건 도덕도 마찬가지다. 〈파시즘〉이 무엇인지는 개인적 해석으로 전락한다. 그들은 〈스스로 만들어 나가라Do it yourself〉는 변동적인 세계관의 도덕에서 세상을 살아가는 훌륭한 버팀목을 찾는다. **나의 믿음**은 아침마다 즐겨 먹는 **나의 뮤즐리***나 다름

* 통귀리, 견과류 등을 혼합해 만든 스위스식 시리얼.

없다. 절대적 진리에 대한 최종 기준은 내가 느끼는 진실성이다. 이런 생각이 깔려 있기에 늙은 히피들은 나치와 함께 행진하며 목소리를 높일 수 있다. 또한 스스로를 헌법에 보장된 기본 가치의 수호자로 착각하는 사람들도 바로 그 헌법을 무시하고 폐지하려는 제국 시민들과 거리낌없이 포옹할 수 있다.

자유민주주의 국가의 강점은 사회의 근본적인 토대가 위태롭게 흔들리지 않는 한 수많은 동기를 도덕적으로 용인한다는 것이다. 프리드리히 실러의 말처럼 자유가 많으면 오류도 많은 법이다. 타인의 건강을 위협하는 무책임한 행동에도 불구하고 국가는 자신의 조치에 대한 소수의 저항에 이전 상황과는 비교도 안 되게 차분하게 대응한다. 지금껏 딱 한 번 있었던 살수차 투입은 1970년대와 80년대의 반핵 시위나 프랑크푸르트 공항의 서쪽 활주로 확장을 둘러싼 시위에서의 대규모 공권력 투입과 비교하면 정말 자제하고 있는 셈이다. 당시의 시위와는 달리 국가는 코로나19 팬데믹 상황에서 폭넓은 국민적 지지를 받고 있다. 그런 가운데에도 분노한 소수의 바보들에게 반대할 자유를 허용하고, 언론을 통해 그들의 목소리가 어느 정도 터져 나오는 것을 용인한다.

이런 사람들과는 달리 절대 다수는 코로나 위기 상황에서 현명한 판단력을 발휘한다. 다시 말해 많은 규정과 조치에 공감을 표하고, 코로나 관련 시간표와 세부 내용이 얼마나 옳은지 확신할 수 없더라도 자신에게 닥친 불확실한 상황을 충분히 감내할 줄 안다. 정치인들은 대다수 시민의 그런 분별력을 확신한다. 그건 독일만 그런 것이 아니라 서방 세계의 거의 모든 국가가 그렇다. 그럼에도 목소리 큰 소수가 민주적인 돌봄 및 대비 국가를 향해 드러내는 엄청난 저항과 공격성은 무시하지 않는 것이 바람직해 보인다. 거리두기 규칙과 얼굴에 작은 천 조각 하나 걸치는 것에조차 그렇게 분노한다면 임박한 전 지구적 기후 재앙을 막기 위해 시민들에게 훨씬 더 강력한 제한과 행동 변화를 요구할 때는 과연 어떤 일이 벌어지겠는가? 지금의 이 막중한 과제 수행에 망설임이 클수록 향후 독일과 다른 나라 시민들이 극복해야 할 도전은 점점 더 커져 나갈 것이다.

이 모든 일을 보면서 개인의 도덕관뿐 아니라 국가에 대한 시민의 일반적인 태도를 새삼 성찰하게 된다. 신뢰와 불신은 이른바 난민 사태에서 이미 격하게 충돌했다. 게다가 국가에 대한 불신과 전반적 의심은 코로나 19 팬데믹 이후 모든 기본권이 원래대로 회복되었을 때도 결코 사라지지 않을 것이다. 왜냐하면 방어 반사와 저항 욕구, 그리고 무엇보다 우리가 코로나에서 경험한 것과 같은 탈연대는 특정 사건이나 현상과 결부된 것이 아니라 권리와 의무를 둘러싼 적잖은 사람들의 특이한 태도와 관련이 있기 때문이다. 그렇다면 코로나 시위대와 인터넷의 에코 체임버에 갇힌 사람들은 전혀 모르는 사실부터 설명해야 할 듯하다. 즉 현대 자유민주주의 국가에는 무수한 약자와 생존의 위험에 빠진 사람들을 보호하기 위해 규칙과 조치를 강제할 **권리**, 아니 **의무**가 얼마만큼 주어져 있을까?

2
생체 정치의 출현

옛날에는 상업 활동과 최소한의 조세 의무, 그리고 모욕과 절도, 폭력, 살해 같은 공공연한 범죄 외에는 모든 도덕이 개인적 사안이던 시절이 있었다. 남자들은 아내와 자식을 수시로 때렸고, 노예를 학대했으며, 농부와 노동자를 착취했고, 아동 섹스를 즐겼지만 아무도 상관하지 않았다. 그 시절의 경제력은 오늘날과 비교하면 미미했고, 출시된 상품은 한줌밖에 되지 않았으며, 문맹률은 높았고, 대다수 사람의 주거지는 형편없었다. 게다가 굶주림은 수많은 빈자들의 일상적 동반자였고, 의료와 위생 상태는 참담했다. 때는 1776년 미국 독립 선언문에서 최초로 인간의 기본권, 즉 자유로운 백인 남자의 기본권을 선포한 시대이자, 1789년 프랑스 국민 의회가 마찬가지로 남자들에게만 국한된 만인의 인권과 시민권을 가결한 시기였다.

　우리는 더 이상 그런 시대에 살고 있지 않다. 최소한 서방의 자유민주주의 국가는 그렇지 않다. 물론 아랍의 몇몇 국가나 아이티, 남수단, 아프가니스탄 같은 제3세계 일부 국가는 여전히 그런 세계에 가깝다. 종교와의 연관성으로 과격함이 다소 은폐된 급진적 자유주의는 서유럽에서 실패했고, 오늘날에는 20세기의 독재적 국가 사회주의처럼 이념의 잔해로만 남아 있다. 반면에 21세기의 자유민주주의는 그것과 체제도 다르고 도덕도 다르다. 인류의 최대 성취 가운데 하나인 인간의 기본권은 오늘날 그저 주어지지 않는다. 삶의 조건이 풍족하지 못하다면 기본권이 무슨 소용이겠는가? 오늘날 기본권은 국가 속에 깊이 뿌리내려 있다. 현대 국가는 급진적 자유주의와 달리 삶의 기회를 통해 자유를 실현하고, 세금과 사회 복지로 불평등을 완화하고, 법과 연대로 박애를 실천할 의무가 있다. 독일 연방 공화국은 가치중립적이지 않고, 독일 헌법, 즉 기본법은 도덕적으로 백지 상태가 아니다. 독일의 국가 구성 원칙은 명확하다. 민주주의, 사회 복지, 연방, 법치의 원칙이다. 또한 기본법에는 국가 목표로 경제적 균형과 통일 유럽, 남녀평등의 실질적 구현, 삶의 토대로서 자연 보호, 그리고 동물 보호가 명확하게 적시되어 있다.

그렇다면 어떤 과정으로 여기까지 오게 된 것일까? 18세기 말부터 19세기로 넘어오면서 처음에는 문서상으로만 보장된 권리와 함께 인간 삶의 조건이 바뀌었다. 그런데 그보다 훨씬 더 많이 바뀐 것은 국가였다. 좀 더 정확히 말하면 국가의 존재 목적이 달라졌다. 즉, 18세기에 처음 구상되어 실험적으로 시도되다가 19세기에 서유럽 전역에서 자리 잡은 시민 국가의 시스템에서 국가는 더 이상 자기 목적이 아니었다. 이는 역사적으로나 인류사적으로나 혁명이나 다름없었다. 그전까지 통치권은 신의 은총(왕권신수설) 또는 오랜 전통의 은총에 의해 정당화되었다. 국가는 신의 뜻에 맞게 유지하고 통치하는 데 존재 의미가 있었다. 통치자들이 신의 뜻을 어떻게 해석하든 상관없이 말이다. 반면에 인권과 시민권에 기반을 둔 시민 계급에게 통치권은 통치 자체가 아닌 다른 목적에 의해 규정되어야 했다.

19세기 이후 시민 국가는 시민의 행복을 증진시킬 의무가 있었다. 미국 헌법처럼 명시적으로든, 아니면 서유럽 헌법처럼 묵시적으로든 말이다. 부의 증진과 건강

개선, 수명 연장에 관한 내용은 구체적으로 적시되지 않았지만, 그럼에도 시민 통치에 뿌리를 둔 헌법의 지속적인 지상 과제였다. 이로써 행복과 충만한 삶의 증진이라는 행복주의적 목표가 군주 통치의 왕권신수설을 대체했다. 따라서 시민 국가에서는 어떤 법률과 규정, 조례, 제도가 만들어지든 모든 통치 수단과 기술은 시민의 행복을 끊임없이 증진시켜야 하는 선한 통치의 의무가 있었다.

따라서 인권과 시민권의 선언 이후 국가에는 무엇보다 다음 물음이 제기되었다. 이 권리를 어떤 방법으로 확실하게 보장할 수 있을까? 이어 한층 더 중요한 물음이 던져진다. 누군가의 권리가 타인의 권리와 충돌하지 않으려면 이 권리를 사회적으로 어떻게 원만하게 조정할 수 있을까? 이로써 기본권은 국가의 입장에서든 시민의 입장에서든 권리와 의무를 씨줄과 날줄로 삼아 섬세하게 짜낸 직물의 일부가 된다. 이것이 도덕적 영역에 막대한 파장을 일으킨 것은 분명하다. 이제 국가는 윤리적 동기에서든 행복주의적 동기에서든 예전에는 순수 개인 영역이던 사안에 관여한다. 18세기의 국가와는 달리 오늘날의 자유민주주의 국가에서는 예를 들어 누군가가 연금을 받는지, 자녀를 학교에 보내는지, 남편이 아내를 때리는지, 폐유를 자기 집 정원 연못에 버리는지, 혹은 키우는 개를 학대하는지 등의 문제가 국가와도 관련 있는 일이 되었다.

도덕적 행동은 항상 타인의 권리를 지키는 일과 맥락이 닿아 있다. 그에 대한 핵심적 인식은 19세기의 빌헬름 폰 훔볼트나 존 스튜어트 밀 같은 진보적 자유주의자들에 의해 명확히 표현되었다. 개인의 자유는 타인의 자유를 근본적으로 침해하는 순간 중단된다. 〈문명화된 사회에서 개인의 의지에 합법적으로 강제력을 행사해도 되는 유일한 목적은⋯⋯ **타인에게 생길 피해를 방지하는 것이다.**〉[2] 이로써 사회적 영역도 개인적 자기 실현의 영역과 마찬가지로 실질적 자유에 속한다. 왜냐하면 〈개인의 행동 방식에서 무언가가 타인에게 해를 끼치자마자 공동체는 그에 대해 법적 강제력을 행사하고, 그런 강제력 행사를 통해 공동선이 촉진되었는지를 논의하기〉[3] 때문이다.

그러나 철학자들의 이런 멋진 말과 헌법에 적힌 근사한 표현은 곧이곧대로 믿지 않는 편이 좋다. 현대적 돌봄 및 대비 국가에서 뿌리를 이루는 것은 여러 가지다.

인간의 욕구에 대한 통찰력과 그 욕구를 존중하려는 숭고한 소망은 많은 뿌리 중 하나일 뿐이다. 급진 자유주의적 영국과 급진 보수주의적 독일 제국은 1차 산업 혁명 당시 공장주들이 노동자들을 최소 임금으로 주 80시간이나 부려먹고, 아이들을 광산으로 보내고, 짐승 같은 노동으로 극소수만 살아남을 만큼 고아원 아이들을 잔인하게 착취했던 행위를 수십 년 넘게 문제 삼지 않았다. 이걸 보면서 자유와 평등, 박애를 입에 올리는 것은 조롱이나 다름없다. 영국의 밀은 어떻게든 막으려고 했지만, 당시 인간의 행복과 안녕이 대규모로 〈위축된〉 것은 변함없는 사실이다.

그런데 복지 국가로 가는 과정에서 가장 중요한 단계는 공감이나 정의의 문제가 아니라 경제였다. 시민 국가의 입장에서는 무척 중요한 섬유 산업의 판매 위기만큼 사회적 의무감을 촉진시킨 일도 없을 것이다. 산업적으로 생산된 상품의 판매는 구매력을 갖춘 소비자의 꾸준한 증가가 필수적이다. 하지만 가능한 한 적은 임금으로 노동자를 부려먹으려는 기업주의 이해와 더 높은 구매력에 대한 국민 경제적 이해 사이의 모순은 오랫동안 해결되지 않았다. 그러다 점점 강화된 노동 운

42

동과 사회민주주의 계열의 정당들이 정부에 〈사회 정책〉을 강력히 촉구하면서 이 문제는 비로소 해결의 실마리가 보이기 시작했다. 국가적 복지 정책이 서서히 시행된 것이다. 이처럼 노동조합을 달래고, 정치적 반대파의 기를 꺾고, 소비 수요를 높이는 것이 사회 국가로 나아가게 한 강력한 동기였다.

물론 그것만이 유일한 동기는 결코 아니었다. 사회 국가의 역사는 그와 불가분의 관계로 엮인 사회 정책 외에 〈생체 정치〉*가 등장하면서 비로소 온전히 설명된다. 생체 정치는 1970년대 말 프랑스 철학자 미셸 푸코가 가장 먼저 정치적 논쟁 속으로 깊숙이 끌어들인 개념이다.[4] 1859년 찰스 다윈의 『종의 기원』이 출간되자 사람들은 진화론을 곧 사회 이론으로서 정치에 적용했다. 그건 이전에 프랑스 생물학자 조지 퀴비에와 장바티스트 드 라마르크의 진화론이 나왔을 때도 마찬가지였다. 어쨌든 이런 현상의 결과 19세기 중반의 사회 이론가, 경제학자, 정치인들은 국민을 마치 동물계처럼

* Biopolitique. 생명 정치, 또는 생명 관리 정치라고도 번역된다. 현대 사회에서 개인은 노동력과 소비자로서 중요한 의미를 띠는데, 그런 차원에서 국가가 체계적으로 국민의 몸과 건강, 수명, 인구를 관리해 나가는 정치를 말한다.

번영과 몰락이 생물학적 선택 메커니즘에 의해 결정되는 〈개체군〉으로 보게 됐다. 이때 선택 메커니즘으로는 전쟁과 출산율 외에 무엇보다 질병과 전염병, 유행병이 꼽혔다. 개체군 역학은 그전에 이미 영국 목사이자 경제학자인 토머스 로버트 맬서스, 영국 사회학자 윌리엄 고드윈, 벨기에 통계학자 아돌프 케틀레에 의해 연구되어 광범한 정치적 논의의 출발점이 되었다. 그러나 〈국민 건강〉은 진화론적 관점에서야 비로소 경제 성장과 복지 증진과 같은 정치적 목표로 부상했다.

개인뿐 아니라 전체 주민의 생물학적 발전에 영향을 미치는 것은 19세기 말 국가의 의무이자, 〈생체 권력 biopouvoir〉(푸코)을 위한 중요한 통치 기법이 되었다. 자연이 〈자연 선택〉을 통해 아무 의도 없이 개체군을 생성하고, 파멸시키고, 발전시키고, 약화시키는 것처럼 국가도 인위적 배양 선택, 즉 계획적이고 목표가 뚜렷한 선택을 추진한다. 국가는 전염병의 확산을 예방하고, 질병을 퇴치하거나 완화시킴으로써 국가 개체군의 건강을 촉진해야 한다. 그러기 위해 고안해 낸 것이 표준치, 통계, 위험, 인구 소멸 지수 같은 범주다. 결국 보건 정책과 사회 정책은 개체군 관리의 영역으로서, 또는 시대에 맞게 표현하자면 〈인간 경제학〉[5](인간을 자본으로 보는 관점)의 영역으로서 서로 밀접하게 연결되어 있다.

사회적인 것의 물리학에 주목하고 개체군의 위험을 줄이는 과제 설정을 통해 기본권 국가는 돌봄 및 대비 국가로 바뀐다. 푸코의 제자 프랑수아 에왈드는 정치적 위기 관리에서 비롯된 〈책임의 실행 방식〉에서 어떻게 현대 국가가 탄생했는지를 인상적으로 보여 준다.[6] 노동 재해의 법적 책임을 둘러싼 격한 논쟁은 19세기가 흐르면서 점점 포괄적인 위험 평가로 확대된다. 이때 보험회사와 국가의 돌봄 및 대비 시스템은 질병 원인 조사, 특히 전염병과 유행병 조사 과정에서 긴밀하게 협력한다. 국가는 삶과 노동 세계, 건강과 관련해서 예측 가능한 모든 위험을 국민의 안녕을 해칠 위협 요소로 규정했고, 수많은 개혁 단계를 거쳐 사회 국가로 나아간다. 여기서 국가의 처방, 즉 푸코의 표현에 따르면 생체 권력의 기술은 시민들에게 주의와 대비의 의무를 지우는 데 그 핵심이 있다.

따라서 국가의 건강 예방 조치는 인간 사회에 대한 새로운 생물학적 이해에 뿌리를 두고 있다. 수많은 의학적 발견도 개인에서 이웃과의 생물학적 운명 공동체로 시선을 넓히고, 국가를 대비 국가로 만드는 데 기여했다. 그건 1840년대 헝가리 산부인과 의사 이그나츠 제멜바이스에 의해 정착된 손 씻기 위생만 생각해 봐도 알 수 있다. 의사뿐 아니라 일반인의 씻지 않은 손은 많은 병원균을 전파시키고, 그로 인해 환자와 원칙적으로 다른 모든 사람의 건강까지 위협한다. 그렇다면 위생은 개인의 사적 영역을 넘어 국가와 공동체와도 연결된 문제다.

공중 위생은 19세기가 지나는 동안 점점 더 중요한 국가적 의무가 되었다. 각국은 페스트와 천연두, 콜레라, 황열병, 발진티푸스를 막을 목적으로 해상 무역용 선박과 국경의 검역 조치를 강화하는 법을 도입했다. 또한 통계와 각종 검사로 국민 건강의 위험 기준을 설정했다. 1859년 의학자 카를 라인홀트 분덜리히에 의해 체온 그래프가 도입된 이후 건강 상태는 수치로 표현되고 점점 표준화되기 시작했다. 또한 루이 파스퇴르는 감염성 질병의 유행병학 분야에서 획기적인 발견을 했다. 예를 들어 18세기에 에드워드 제너가 천연두 예방 접종을 발견한 이후 1880년에 근대 최초로 닭 콜레라 예방 접종에 성공했다. 그뿐 아니라 미생물의 전염 가능성과 경로를 밝혀냄으로써 전염병이 어떤 위생 상태와 생활 방식에서 쉽게 확산하는지 알리기도 했다. 이로써 국민 건강은 생활 환경과 습관적 행동의 문제인 동시에 사회적 문제가 되었다. 19세기에 프랑스 행정관 조르주외젠 오스만이 파리에서 시도한 것처럼 낡은 도심을 싹 허물고 새로 건설하려고 했을 때 국가는 도시 건축물의 위용을 드러내고 폭도들의 은신처만 없애려고 한 것이 아니라 건물 간격과 하수도 망처럼 화재 예방과 위생 조치까지 함께 고려했다.

세기말경 부유한 사람들은 화장실에서 일을 보고 난 뒤 폐신문지 대신 〈휴지〉를 사용했고, 1890년 브레슬라우에서는 의사들이 수술할 때 처음으로 고무장갑을 착용했다. 1897년에는 의사 요한 폰 미쿨리츠가 입을 가리는 거즈 마스크를 고안했다. 그리고 얼마 뒤 전 유럽에서는 의사들이 수술실에서 두건과 가운은 물론이고 〈경우에 따라 콧구멍까지 가리는 입마개〉를 착용했다. 얼굴 마스크는 1910년 중국에서 6만 명이 희생된 폐 페스트가 발발했을 때 처음으로 대량 투입되었다. 중국 의사 우롄더(伍連德)가 거즈와 면을 여러 층으로 겹쳐서 만든 위생 마스크는 입을 보호하는 용도로 안성맞춤이었다. 그로부터 10년이 채 지나지 않아 발생한 스페인 독감에서는 또 다른 새 마스크가 대대적으로 투입되었다.

위생 분야에서의 진보는 국가의 새로운 조치 및 규정과 발맞추어 나아갔다. 1918년 스페인 독감이 퍼지자 많은 미국 도시에서 대중교통에서의 마스크 착용이 의무화되었다. 또한 군중 집회가 금지되고, 길거리에 침을 뱉는 행위는 처벌 대상이 되었다. 그런데 진정한 의미에서 국가적 예방 조치의 모범 사례는 오늘날까지도 세계에서 가장 위험한 전염병 중 하나인 결핵과의 싸움이었다. 전 세계적으로 해마다 약 1천만 명이 결핵에 걸렸고, 그중 150만 명에 가까운 사람이 목숨을 잃었다. 결핵은 기침이나 말을 할 때 나오는 침방울로 전염되기 때문에 결핵 환자는 주변의 모든 사람에게 잠재적인 위험 요소였다. 그러던 것이 1920년대 이후 백신 개발과 함께 전면적인 예방 접종이 이루어지고, 거기다 환자들에 대한 국가 보호 시설과 치료소까지 생기면서 유럽에서 희생자 수는 급감했다. 항생제가 나오기 한참 전에 말이다.

이로써 결핵과의 싸움은 1871년 이후 실시된 이른바 〈사회 위생〉*의 전형적인 보기가 되었다. 전염병이 특히 쉽게 확산되는 생활 공간이 있다. 예를 들어 어둡고 서늘하고 습한 공간과 사람들이 밀집한 장소다. 그렇다면 주거 상태와 오물, 인구 밀도, 영양 상태도 미생물 병원균처럼 병을 전파하는 위험한 인자다. 사회다원주의자와 우생학자들에게 자연 선택을 통한 국민 건강의 판타지에 날개를 달아 주었던 〈사회 위생〉이라는 모호한 개념은 의학과 사회 정책의 연결 고리가 되었다. 그런데 보편적 위생학의 발전으로 시민 계급만 덕을 본 것이 아니라 전염병과 유행병에 특히 취약한 프롤레타리아 계급도 혜택을 보았다. 물론 그건 사회적 연대나 시민적 책임감에서 비롯되었다기보다 결핵 같은 전염병이 자꾸 노동자 계급에서 시민 계급으로 전염되는 것을 막으려는 의도가 더 컸다.

이런 식으로 생체 정치는 사회 정책의 동력이 되었다. 사람들이 위생적으로 상호 위협적인 존재라면 개체군으로서의 인간은 결국 운명 공동체로 엮일 수밖에 없

* 위생에는 〈개인 위생〉과 〈사회 위생〉이 있다. 사회 위생은 자본주의 사회에서 특히 노동자의 건강 문제를 사회적·정치적·경제적 관점에서 해결하고 예방하는 일을 말한다.

다. 그로써 사회 국가에는 하나의 〈자연적인〉 토대가 생긴다. 사회 국가는 국민의 생명을 보살피고, 개체군이 위험에 처하거나 개인들이 서로 위험 요인이 될 때 개입해야 한다는 것이다. 자신이 타인을 통해 겪고 싶지 않은 일은 타인에게도 행하지 말라는 칸트의 정언 명령은 전염병에도 그대로 해당된다. 즉, 너의 예방적 행동이 언제나 모두의 건강을 지키기 위한 보편적 규칙이 되도록 행동하라!

17세기와 18세기의 자유주의자들에게는 여전히 무척 중요했던 국가법과 개인적 도덕의 경계는 19세기에 허물어졌다. 개인의 행복과 공공의 이익이 생명의 안위와 관련해서 하나가 다른 하나에 크게 좌우된다면 명확하게 분리할 수 없다는 것이다. 경찰로 대변되고 경찰법으로 규정될 때가 많은 국가의 권한은 국민의 신체적 건강과 사회적 안녕을 지키고, 위험을 최소화하고, 국가의 질서 틀 내에서 개인의 방해받지 않는 발전을 보장해야 한다. 이런 역사적 이유에서 2001년에 발효된 독일의 감염병 방지법은 여전히 경찰법의 영역에 속한다. 원래는 인간 면역 결핍 바이러스(에이즈)에 의한 건강상의 도전에서 탄생한 이 법은 이전의 전염병 예방법과 성병 퇴치법을 합쳐 놓은 것이다. 거기다 전염병에 대한 더 나은 감시와 통제를 위해 유럽 연합이 마련한 지침도 이 법에 반영되었다. 현재의 코로나19 팬데믹 상황에서 강력한 스포트라이트를 받는 로베르트 코흐 연구소*도 이런 배경하에서 1891년에 설립되었다.

그렇다면 기본권의 선언에서부터 기본권의 실질적 인 보장을 거쳐 대비 국가로 나아가는 길에서 국가의 의무는 점점 증가할 수밖에 없다. 여기서 국가는 자신 에게 맡겨진 책임으로 두 가지에 주목한다. 바로 개인 의 행복과 공공의 이익이다. 이 둘은 생물학적·정신 적·사회적으로 긴밀하게 연결되어 있다. 아무튼 이를 통해 국가의 자기 인식과 권리는 근본적으로 달라진다. 기본권이 **국가로부터** 개인을 보호하는 것이라면 이제 두 번째 의무가 더해진다. 즉 시민은 **국가에 의해** 보호되어 야 한다는 것이다.

그런데 이런 생체 정치는 완전히 상반된 두 가지 목 표를 추구하기도 한다. 앞서 설명한 19세기의 주요 발 전 과정에서 드러나듯이 국가는 우선 **자연 선택을 최대한**

* 독일 보건부 산하의 연방 공공 보건 기관. 우리나라로 치면 질병관 리청.

차단하고 가능한 한 많은 생명을 돕고 구할 수 있다. 하지만 다른 한편으론 **자연 선택의 원칙** 아래 특정 주민을 골라 낸 뒤 그 선택을 의도적으로 막지 않을 수도 있다. 강자를 의도적으로 선택하고 약자를 의도적으로 배제함으로써 민족을 최적화한다는 이념은 19세기 후반에 강력히 대두되었다. 전체 개체군의 입장에서 생각하고 순수 경제적 관점으로만 개체군을 바라보는 사람의 입장에서는 사회다윈주의도 약자와의 연대와 마찬가지로 하나의 실질적인 가능성으로 떠오른다. 따라서 그런 사람들은 전쟁을 통한 정화 작용을 다시 불러내고, 유능한 사람을 선택함으로써 사회적 비용 절감을 계산하고, 〈우생학〉을 부르짖고, 〈살 만한 가치가 없는〉 생명의 박멸을 추구한다. 이러한 의도적 선택도 생체 권력으로 해낼 수 있는 생체 정치의 변형이다. 이 지점에서 나치 독일의 파시즘이 많은 것을 시사한다. 그들은 최대한 많은 생명을 구하는 대신 최대한 많은 병약한 생명을 제거했다.

현대 사회에서도 경쟁과 **적자생존**의 이념은 낯설지 않다. 이것은 비록 제도를 통해 통제되고 많은 규정을 통해 완화되고 있지만 지금도 우리 경제를 지배하는 논리다. 그런데 국가가 경제 영역에서는 경쟁에 방점을 찍는 동시에 시장의 약자를 도태시키고 강자를 키우는 일에 역점을 두는 반면, 기본권 측면에서는 만인의 평등을 보장하고, 사회 국가적 측면에서는 연대 의무를 강조하는 것은 대중의 정치 의식 속에서는 일치되기 어려운 굉장히 자의적인 구조다. 경쟁과 연대의 애매한 양립으로서의 이 구조는 20세기 전체를 관통했고, 현재까지도 정치적으로 뜨거운 논쟁거리다. 따라서 서구 민주주의 사회에서는 어떤 것에 더 마음이 가는지는 개인의 선택에 맡겨져 있다. 즉, 불평등과 경쟁인가, 아니면 평등과 연대인가? 서유럽 민주주의 체제의 정당들은 이런 선택에 부응하는 다양한 스펙트럼을 제공한다. 반면 사회 정책과 동시에 생체 정치를 추진하는 헌법상 보장된 국가적 의무는 논의에서 배제된다. 다만 생체 정치는 자연 선택이 아닌 모든 생명을 구하고자 하는 첫 번째 버전에서만 논의의 대상이다.

독일 국가가 코로나19 위기 상황에서 예방 및 약자와의 연대라는 의미에서 시민들에게 거리두기와 마스크의 의무를 지운다면 그건 결코 독단적 행위가 아니다. 아니, 그와는 정반대로 19세기 이후 국가에 점점 더 강력하게 부여된 연대적 생체 정치의 의무를 다하는 일이다. 의료적 위기 상황에서 타인이 우리에 대해 갖고 있는 권리는 국가가 정한 특별한 배려 의무로 표현된다. 반면에 죽게 내버려 두는 것과 자연 선택을 의도적으로 막지 않는 행위는 현대 국가의 자기 의무와 크게 모순된다. 만일 많은 코로나 시위자들, 그중에서도 최소한 바이러스의 존재를 부인하지 않는 사람들이 이 두 가지를 국가의 연대 조치보다 우선한다면 그건 어리석게도 자신들이 국가에 대해 품고 있던 파시스트적 정신을 다시 불러내는 것이나 다름없다. 코로나19 팬데믹 시대의 현대적 생체 정치는 그들이 그동안 수없이 홍보한 것처럼 〈1945년 이후 가장 거대한 문명의 붕괴〉가 아니다. 오히려 수많은 사람을 그냥 죽게 내버려 둠으로써 발생할 수 있는 문명의 붕괴를 막으려는 시도다.

따라서 이 시점에서 제기되어야 할 물음은 국가가 약자 보호의 조치를 통해 시민의 일상적인 삶에 개입하고 기본권을 일시적·부분적으로 제한할 권리가 있느냐, 혹은 그럴 의무가 있느냐 하는 것이 아니다. 독일의 자유민주주의적 기본 질서를 인정하는 한 이 질문에는 곧장 〈그렇다〉라고 답할 수밖에 없다. 근본적인 문제는 오히려 다음 질문이다.

코로나19 팬데믹의 상황에서 국가적 조치는 경찰법에 규정된 대로 올바른 판단과 **적절성**의 원칙 아래 내려졌는가? 국가는 2020년과 2021년 자신의 의무를 **적절하게** 인지했는가?

3
국가의 역할

실질적인 위험도를 인간의 머리로 정확히 가늠하기란 무척 어렵다. 대도시 밤거리나 어두운 공원에서의 수상쩍은 상황, 추락 위험, 중독 위험, 차에 치일 위험 같은 일상의 구체적인 위험은 비교적 쉽게 평가할 수 있다. 하지만 삶과 죽음의 위험을 전반적으로 조망해야 하는 상황에서는 그렇지 않다. 위험에 대한 우리의 동물적 본능은 빠르게 무기력해지면서 그릇된 평가에 자리를 내준다. 가령 독일에서는 이슬람 테러 공격으로 죽을 위험이 터무니없이 과대평가되어 있다. 실제로는 그런 테러로 죽기보다 낙뢰 사고로 죽을 가능성이 더 높다. 또한 독일에서 물에 빠져 죽는 사람은 테러 희생자보다 90배 가까이 많고, 자동차 사고로 죽는 사람은 800배, 가정 내 사고로 죽는 사람은 2,000배가 넘는다.

전체적으로는 독감이 가장 큰 위험 요소인데, 2000년부터 매년 평균적으로 이슬람 테러보다 거의 4,000배가 넘는 사람이 독감으로 목숨을 잃는다.[7]

보이지 않는 위험에서 감정에 의지하는 것은 거의 항상 오류에 빠진다. 우리의 진화 장치는 보이지 않는 위험에 대해선 잘 느끼지 못한다. 아프리카 사바나 지대에 살던 인류의 조상은 맹수에 대한 위험을 무척 정확히 가늠할 수 있었지만, 병균이나 점진적인 기후 변화에 의한 위험을 평가하는 건 익히지 못했다. 따라서 우리는 외국으로 휴가를 떠날 때 여전히 상어 공격이나 뱀에게 물리는 것을 지나치게 두려워한다. 게다가 독일 내부에서도 우리의 머릿속에 상어나 뱀 같은 존재로 각인되어 있는 음습한 아랍인들에 의한 위험을 두려워한다. 그러나 이슬람 근본주의자들의 테러에 대한 과민 반응보다는 오히려 과도한 음주나 흡연, 운동 부족으로 인한 건강 위험을 걱정하는 편이 훨씬 더 현실적으로 보인다. 그럼에도 최소한 2001년 9·11 이후에는 독일에서도 테러에 대한 민감 지수가 굉장히 높아졌고, 그로 인해 테러와의 전쟁에 끊임없이 막대한 비용이 지출되었으며, 안보 조직의 권한과 인원 또한 대폭 강화되었다.

물론 이 비교가 전적으로 타당하지는 않다. 테러와의 전쟁은 명백하게 국가의 일이고, 자신의 건강을 돌보는 것은 상당 부분 개인의 일이다. 그러나 앞서 기술했듯이 건강을 챙기는 것이 반드시 개인적 사안만은 아니다. 특히 개인의 안일한 행동이 타인의 생명을 심대하게 위협할 때는 더더욱 그렇다. 게다가 독일의 극우 정당 AfD(독일을 위한 대안) 같은 정치 세력이 아랍인들에 의한 위험은 줄기차게 경고하면서 코로나19 팬데믹은 가볍게 취급한다면 그런 기이한 판단에 어떤 타당한 근거가 있는지 묻고 싶다. 2021년 2월 기준으로 독일에서 1년 동안 코로나에 걸려서 숨진 사람은 6만 명 이상인 데 반해 이슬람 근본주의자들의 테러로 희생된 사람은 유럽 전체에서 100~700명밖에 되지 않는다.[8]

코로나와 관련된 6만여 명의 사망자는 지난 수십 년 동안 독감으로 죽은 사람보다 많고, 교통사고 희생자에 비하면 20배가 넘는다. 물론 그중에는 병상에 누워 있다가 코로나19 감염으로 몇 주 빨리 죽은 사람도 있겠지만, 정확한 수를 파악할 수 없는 그 사람들을 제외하더라도 여전히 높은 수치다. 하지만 높은 수치라는 것도 위험의 크기에 대한 평가만큼이나 주관적으로 보인다. 2020년 3월에는 감염자가 상대적으로 미미했음에도 많은 시민이 잦은 소독과 손 씻기 같은 폭넓은 예방 조치를 충실히 지킨 반면, 2020년 말과 2021년 초 겨울에는 감염자 수치가 3배가 넘었음에도 이전에 비해 걱정하는 사람이 많지 않다. 인간은 적응의 동물이다. 그건 예외적 상황에서도 마찬가지다. 과거엔 정상이라 여겼던 많은 일들을 단계적으로 유예해 나가는 가운데 새롭게 받아들인 정상 상태에 삶을 맞추어 나간다. 불안도 습관이 되면 느끼는 강도가 달라진다. 브라질의 빈민촌 파벨라나 남아프리카의 타운십에서는 여행객들을 늘 불안과 공포에 떨게 할 정도로 범죄율이 높지만, 거기 사는 대다수 주민은 안타깝지만 그런 현실을 비교적 태연하게 받아들인다. 아무튼 일부 사람은 높은 위험에도 불구하고 이 예외적 상태에 짜증스럽게 반응한다. 그러다 끝이 보이지 않는 상황에서 점점 신경질적으로 변하면서 앞서 설명했듯이 국가를 향해 분노를 폭발한다.

분노와 불안, 습관화, 짜증, 저항의 이런 상황에서 코로나19 팬데믹에 적절하게 반응하는 것은 지극히 어렵다. 어떤 조치와 제한이 올바를까? 국가는 어떤 점에서 경솔했고, 어떤 점에서 과도하게 반응하고 있을까? 덴마크 철학자 쇠렌 키르케고르는 말한다. 〈삶을 이해하려면 뒤를 돌아봐야 하지만, 살아가려면 앞을 봐야 한다.〉 이 말은 팬데믹 시대의 삶과 국가의 적절한 반응에 대한 물음에도 타당해 보인다. 국가는 지난 수십 년 동안 이런 종류의 사태에 대한 경험을 모을 수 없었고, 모을 필요도 없었다. 또한 코로나19 팬데믹에 적절한 생체 정치적 합리성이 무엇인지는 어디에도 적혀 있지 않고, 철저한 성찰이 이루어진 적도 없다. 그렇다면 힘겹게 더듬더듬 찾아 나가야 할 뿐이다.

1950년대와 60년대에 아시아 독감이나 홍콩 독감 때처럼 국가가 여유를 부리거나 그냥 손놓고 있는 것은 오늘날엔 더 이상 가능하지 않다. 21세기에는 수많은 경로로 무수한 정보를 접할 수 있기 때문에 누구도 그냥 쉽게 넘어가지 않는다. 게다가 이번에는 국가가 훨씬 강한 책임감을 느끼는 것이 결코 이상한 일은 아니다. 국가의 보건 체계는 당시보다 훨씬 광범하게 구축되어 있고, 전쟁 세대의 특징적인 숙명론은 최대한 많은 사람의 생명을 구하겠다는 현대 의학의 약속에 밀려

물러난다. 특히 오늘날의 대중 매체는 1950년대와 60년대와는 완전히 다르다. 점점 늘어나는 수많은 채널에서 얻는 정보, 우후죽순 쏟아지는 다양한 의견, 극단적인 의견으로 대중의 주목을 받아 돈을 벌려는 탐욕, 거기다 흥분과 분노의 문화 속에서 정치와 정치인들에게 향하는 끊임없는 비판은 오늘날 통치자들을 수많은 견해와 요구의 안개에 휩싸이게 한다. 그런 분위기에서 냉정을 찾기란 쉽지 않다.

오늘날의 정치인들은 생체 정치를 벗어날 수 없다. 그들이 대중 위생에 대한 책임을 회피하거나 건성으로 받아들이기란 사실상 불가능하다. 게다가 위생에 관한 국가의 예방적 조치에 반기를 드는 사람조차 이미 그 행동으로 생체 정치를 하고 있다. 그들은 단순히 국가의 절제와 불개입을 옹호하는 것이 아니라 자신이 원하든 원치 않든 생명의 구제 대신 그냥 죽게 내버려 두라는 사회다윈주의적 버전을 요구한다. 도널드 트럼프가 그랬던 것처럼 말이다. 이로써 약자에 대한 연대 원칙은 자연 선택 원칙을 위해 포기된다. 자연 선택은 국가가 예방 조치를 포기할 때만 이루어지기 때문이다. 만일 이런 행동을 하는 정치인이 있다면 그들의 자기 이해는 배려의 도덕(노예 도덕)이 아닌 〈군주 도덕〉(프리드리히 니체)일 것이다. 일을 이런 식으로 흘러가게 하는 사람은 현재 일부 빗나간 인간들이 생각하는 것처럼 자유권을 보호하는 것이 아니라 오히려 다른 가치 질서와 다른 국가를 원한다. 예를 들면 국가 사회주의와 스탈린주의가 청사진을 제공하는 그런 국가 체제 말이다. 물론 이런 국가도 생체 정치를 펼치고, 그와 함께 권리를 설파한다. 국가에 의해 허용된 자연 선택과는 정반대 방향으로 말이다.

21세기 자유민주주의 국가는 자연 선택의 원칙을 지지하지 않기 때문에 국민의 건강을 책임지고, 특히 약자를 보호할 의무가 있다. 이러한 사명은 2005년 독일 헌법재판소가 명확히 규정해 놓은 인간 존엄성의 존중 의무에서 비롯된다. 〈헌법의 최고 가치이자 근본 원칙으로서 인간의 존엄성은 사회적 가치 및 인간 존중의 요구와 결부되어 있다. 이 요구에 따르면 인간을 국가의 단순한 대상으로 삼거나 **인간의 주체적 특성이 근본적으로 흔들릴 정도로 취급하는 것**은 금지된다.〉[9]

전쟁 후 헌법의 아버지들이 팬데믹을 예상하고 시민의 〈주체적 특성〉에 관한 보호 규정을 적시한 것은 분명

아닐 것이다. 나치의 〈제3제국〉을 경험한 독일인들로서는 애초에 국가로부터 개인을 보호해야겠다는 생각을 기본법에 명시하기로 마음먹었다. 그러니까 개인의 적은 바로 국가 자체였다. 그런 국가가 고도의 현대적인 보건 체계로 시민의 〈주체적 특성〉을 보호하리라는 것은 1949년 당시엔 상상도 못할 일이었다. 팬데믹은 인간 삶에 대한 집단적 공격으로 쉽게 떠오르는 위험 시나리오가 아니었기 때문이다. 그런데 현대의 보건 체계가 점점 더 능률적이고 포괄적으로 변해 가면서 다음 물음이 강하게 제기되었다. 국가는 의학적 돌봄과 예방 조치로 시민의 생명권을 보호하는 동시에 시민의 〈주체적 특성〉을 지키기 위해 무엇을 할 수 있을까?

국가가 충분히 보호하지 않아서 죽는 사람은 목숨만 잃는 것이 아니라 동시에 주체적 특성과 거의 모든 기본권도 함께 잃는다.[10] 물론 독일 헌법은 생명의 무조건적인 보호가 아닌 인간 존엄성의 존중을 최고 원칙으로 삼고 있지만, 생명이 사라지면 존엄성이 버티고 설 자리가 있을까?[11] 죽은 사람은 집회의 자유, 거주 이전의 자유, 주거지의 불가침성에 대한 권리를 더는 누릴 수 없다. 그렇다면 생명권이 존엄성의 권리보다 상위에 있지는 않더라도 헌법재판소가 1975년 한 판결에서 밝혔 듯이 그것은 〈인간 존엄의 핵심적인 토대이자 다른 모 든 기본권의 전제다〉.[12] 생명을 〈보호하고 지원하라〉는 국가에 대한 요구도 결국 생명의 기본권에서 나온 것 이다.

따라서 국가는 코로나19 팬데믹 상황에서 헌법을 무 력화하지도, 기본권을 근본적으로 내팽개치지도 않았 다. 어떤 기본권도 무제한적으로 적용될 수는 없다는 사실을 인지하는 가운데 여러 기본권을 조화롭게 조정 하고 신중하게 검토하는 것은 국가의 또 다른 필수 임 무다. 가령 팬데믹 상황에서 생명권과 집회의 자유처럼 두 기본권이 충돌을 일으켰을 때 국가는 둘 중 어느 것 에 더 높은 가치를 부여해야 할지, 그래서 어느 것을 더 우선적으로 지켜야 할지 검토해도 된다. 아니, 검토해 야 한다. 오직 이런 이유에서만 국가는 개인의 자유나 거주 이전의 자유, 주거지의 불가침성, 직업 활동의 자 유, 집회의 자유 같은 여러 기본권을 일시적으로 제한 할 수 있다. 그때 국가가 신중하게 고민해야 할 부분은 다음과 같다. 팬데믹 상황에서 특히 보호가 필요한 사 람의 기본권은 어떻게 지킬 수 있고, 이를 위해선 다른 사람들의 기본권에 어떤 제약이 불가피할까? 이 지점에서 독일은 인도나 남아프리카공화국, 필리핀과는 상황이 다르다. 이런 나라들에서는 어떤 조치로 사람들이 더 많이 죽어 가는지, 다시 말해 코로나19로 인한 죽음이 많은지, 외출 금지와 빈민 가정의 소득 상실로 굶어 죽는 사람이 많은지 따져 봐야 하는 반면에 독일은 그렇지 않다. 어려운 여건하에서도 굶어 죽는 사람은 없기에 누군가의 생명권을 다른 누군가의 생명권으로 대체할 필요가 없다.

그렇다면 매우 특별한 상황에서 기본권이 제한될 수 있다는 건 헌법상 허용된다. 물론 그 과정에서 인간을 결코 대상으로 삼아서는 안 되고, 온전한 권리의 주체로서 인간의 특성을 잃게 해서도 안 된다. 그럼에도 독일 헌법재판소는 인간 존엄성의 존중을 사회적 맥락에서 완전히 떼어놓지는 않는다. 〈인간 존엄성의 존중에 대한 요구는 각각의 사회적 상황과 완전히 분리될 수 없다.〉[13]

가령 1968년에 가결된 〈긴급 조치법〉은 〈긴급한〉 위기 상황에서 많은 기본권이 제한될 수 있음을 예고한다. 긴급한 위기 상황의 예로 〈전염병〉을 제시했던 당시

의 집권 세력 기민당-사민당 대연정은 내심 제3차 세계
대전이나 급진 좌파의 무장 봉기, 또는 내전 같은 상황
을 염두에 두고 있었다. 〈방치로부터의 청소년 보호〉 규
정도 오늘날까지 기본권 제한을 정당화한다. 아무튼 보
수적이거나 우파 진영에 속한 정치인들은 당시 긴급 조
치법에 무조건 찬성했다. 반면에 좌파 진영에서는 균열
이 생겼다. 생각이 왼쪽으로 치우칠수록, 그래서 국가
에 더욱 비판적인 사람일수록 긴급 조치법을 독재로 진
입하는 잠재적인 위협으로서 염려했다. 이런 점을 고려
하면 오늘날 정치적으로 주로 오른쪽에 있는 사람들이
코로나19 팬데믹 상황의 기본권 제한에 반대하는 것은
깜짝 놀랄 일이다. 기본권을 정말 중요하게 생각해서
그런 것일까? 아니면 많은 우파에 우선하는 가치가 아
닌 약자 보호라는 동기 때문에 그런 것일까? 전쟁이나
내전 상황에서의 연대, 심지어 청소년을 방치로부터 보
호하기 위한 연대도 기본권 제한의 훌륭한 동기로 보인
다. 하지만 그들에게는 특히 위험에 처한 사람들과의
연대는 그렇지 않다.

　따라서 문제는 위기 상황에서 기본권을 원칙적으로
제한해도 되느냐가 아니다. 그건 독일에서 논쟁의 여지

가 별로 없을 정도로 폭넓게 받아들여지고 있기 때문이다. 그보다는 어떤 생체 정치를 원하느냐가 문제다. 즉, 팬데믹으로 가장 큰 타격을 입을 사람들과 연대하는 정치를 할 것인가, 아니면 연대하지 않는 정치를 할 것인가? 그와 연결해서 다른 문제도 짚어 보아야 한다. 단행된 기본권 제한이 감염병 보호법 28조 1항에 따라 실제로 적절하게 이루어졌는가? 그것들은 병의 확산과 재확산을 막는 데 효과적이었고, 〈적절성의 원칙〉에 맞는 〈필수적인 보호 조치들〉이었는가?

적절성의 문제는 두 가지 차원에서 제기된다. 첫째, 연방 정부와 주정부, 그 밖의 지방 자치 단체가 단행한 위생 조치는 팬데믹을 정말 효과적으로 막을 정도로 합리적이었는가? 혹은 그 목표에 좀 더 효과적인 다른 조치는 없었는가? 둘째, 코로나의 경우는 국가가 그렇게 앞장서서 광범한 조치를 내리고, 인간 생명 보호에 폭넓은 책임을 느끼는 데 반해 마찬가지로 공동체의 안위를 위협하는 다른 위험들에 대해서는 왜 그러지 않는가? 첫 번째 물음이 정치적 문제라면 두 번째 물음은 철학적 문제에 가깝다.

연방 정부와 주정부, 지방 자치 단체는 코로나19 팬

데믹 상황에서 당장 눈에 보이는 것에만 대처한다. 혹시 다른 대처 방법은 없었을까? 아직 제대로 연구가 이루어지지 않았고, 쉽게 변하고, 의외의 변수가 많은 바이러스라고 하더라도 말이다. 또한 2020년 초 1차 유행 당시 국가가 식물원이나 공원은 쓸데없이 폐쇄하면서도 정작 취약 시설인 양로원에 대해서는 너무 느슨한 폐쇄 조치를 취한 것은 아닌지도 얼마든지 비판적으로 물을 수 있다. 그뿐 아니다. 인간의 변하지 않는 습성에 따라 남에게 책임을 전가할 수도 있다. 그러니까 식당과 상점, 학교는 각각 감염에 얼마나 책임이 있고, 누가 얼마나 더 위험하고 덜 위험한지 물을 수도 있다. 그러나 언제, 어떻게, 왜 감염되었는지 정확히 아는 사람은 없다. 공공장소에서의 감염과 사적 공간에서의 감염 비율도 막연하게만 추측할 뿐 원칙적으로는 측정할 수 없다.

국가의 방역 조치가 효과적인지 혹은 비효과적인지 토론하고 추정하는 것은 좋고 필요한 일이다. 또한 근거가 있는 비판도 유익하다. 예를 들어 양로원에 대한 보호 조치가 불충분했다는 주장에는 납득할 만한 이유가 있다. 또한 위험을 충분히 예상할 수 있었음에도 불구하고 국가가 2020년 가을과 겨울의 2차 유행에 왜 그렇게 형편없이 대비했느냐고 얼마든지 따져 물을 수 있다. 특이하게도 이 점에 대해서는 팬데믹의 여러 단계에서 국가가 취한 조치가 너무 소홀했다고 여기는 사람이 전반적으로 너무 지나쳤다고 여기는 사람보다 훨씬 많다.[14]

이런 식의 비판은 조치의 **내용**이 아니라 **방법**으로만 향한다. 그에 반해 내용에 관한 가장 일반적인 비판은 〈도덕적 설교〉를 늘어놓는 국가로 향한다. 즉 도덕에 바탕을 두고 실시되는 국가의 개입과 침해, 그리고 〈신념 독재〉가 비판 대상이다. 그런데 이 항변을 극단으로 몰고 가면 모든 사회 국가와 공공 서비스도 비판을 받아야 한다. 공공 서비스에도 국가의 위생 제도와 보건 시스템, 의료적 예방 조치를 관통하는 것과 동일한 도덕적 강물이 흐르기 때문이다. 이것들은 서로 연결되어 있고, 모두가 동일한 원천에서 흘러나온다. 기본권을 마음껏 누릴 수 있도록 보장하는 국가의 도덕적 의무가 그것이다. 이것을 보고 신념 독재라고 비판하는 사람은 자신도 신념 독재에 사로잡혀 있음을 선언하는 꼴이다. 아내와 자식을 마음껏 때려도 된다고 생각한 영국 철학자 존 로크처럼 도덕이 오직 개인 문제라고 믿는 신념 독재 말이다. 그러나 도덕은 결코 개인적 사안만이 아니라 항상 인간 사이에 일어나는 사회적인 행위이자 태도다. 예를 들어 소설에서 로빈슨 크루소의 행동은 토착민 〈프라이데이〉와 함께 살면서 더 이상 개인적인 사안으로 해석될 수 없다.

국가에 세상의 온갖 가능한 질병을 막고 죽음의 모든 위험을 없앨 의무가 있는 건 아니라는 말은 전적으로 옳다. 독일 헌법에서 인간 존엄의 권리를 생명권 상위에 둔 것에 대해서는 앞서 지적한 모순이 포함되어 있지만, 그렇다고 그에 대한 효력이 없어지는 것은 아니다. 국가 입장에서 질병 저지는 절대적 의무가 아닌 상대적 의무일 뿐이다. 결과로만 따져서 얼마나 많은 행복을 촉진하고 얼마나 많은 고통을 막았는지에 따라 도덕적 결정의 옳고 그름을 판단하는 철학적 공리주의 원칙은 독일에선 적용되지 않는다. 18세기 말 제러미 벤담이 내건 〈최대 다수의 최대 행복〉이라는 공리주의 원칙은 앵글로색슨 지역에서만 폭넓게 자리 잡았다. 반면에 독일에서는 이마누엘 칸트가 부르짖은 인간 존엄성의 원칙이 헌법 정신에 깊숙이 스며들어 있다. 즉 인간은 누구나 자유권과 자기 결정권을 누려야 하고, 단순히 민족 공동체나 운명 공동체의 일부가 아닌 유일무이한 개인이라는 것이다. 그렇다면 어떤 좋은 목적을 위해서라도 인간은 자신의 존엄에 반해 특정 목적에 이용되어서는 안 된다.

칸트는 벤담과 같은 시기에 쓴 이런 글을 통해 인간 존엄을 경시하던 군주 전제 정치에 맞서 싸웠다. 농노제는 곳곳에서 합법적이었고, 여성은 권리를 거의 보장받지 못했으며, 강제 징집된 병사는 영주에 의해 다른 곳으로 팔려 갈 수도 있었다. 이런 암울한 시대에 누구도 특정 목적의 수단이 되어서는 안 된다는 칸트의 원칙은 한마디로 혁명적이었다. 물론 국가가 실제로 시민의 행복을 자기 목표나 존재 이유로 규정하는 것은 아직 당대의 사고 범위에서 완전히 벗어나 있었다. 19세기와 20세기에 국가가 행복을 자신의 책무로 확장한 것은 칸트로서는 상상도 할 수 없는 일이었다.

오늘날 독일에서 코로나19 팬데믹 동안 헌법에 보장된 인간 존엄과 그에 딸린 기본권, 그리고 공중 보건과 행복이라는 국가적 책무 사이에서 신중한 판단을 내려야 하는 정치인들은 두 개의 가드레일 사이를 달리고 있다. 한쪽은 기본권이고, 다른 쪽은 모두의 안녕을 책임져야 할 의무다. 이때 국가는 시민에게 요구만 하는 것이 아니라 동시에 시민을 돕고 보호한다. 국가는 마스크와 백신을 조달하기 위해 애쓰고(항상 성공적이었는지는 논외로 하자), 의료 체계의 원활한 서비스를 유지하려고 노력한다. 또한 코로나로 피해가 막심한 자영업자와 소상공인을 지원하고, 노동 시간 단축을 보상하기 위해 막대한 자금을 지출한다.

그럼에도 이런 의문이 든다. 2020년과 2021년의 팬데믹이 정말 기본권을 제한하는 국가적 수단의 정당한 근거가 될 수 있을까? 코로나19에는 그렇게 열심히 대처하면서 그만큼 위험성이 높은 다른 삶의 영역에서는 왜 그렇게 하지 않는가? 팬데믹 상황에서는 최대한 중환자와 사망자 수를 줄이려고 온갖 수단을 강구하는 국가가 패스트푸드, 설탕과 소금, 알코올의 과도한 섭취 같은 식생활 문제에서는 왜 그렇게 하지 않는가? 스웨덴과 달리 독일에서는 성인에 대한 알코올 판매가 규제되지 않는다. 또한 식당에서 판매하는 음식과 음료에 설탕을 얼마나 넣어야 하는지에 대한 제한도 없다. 잘못된 영양으로 인한 비만과 심혈관계 질환, 당뇨가 다른 많은 질병과 죽음의 원인임에도 불구하고 말이다.

이 문제에서 국가가 금지와 같은 적극적인 수단을 사용하지 않고, 대신 계도와 같은 소극적인 수단으로만 제한하는 이유는 어렵지 않게 추측할 수 있다. 알코올과 잘못된 영양은 주로 당사자만 위태롭게 하고(물론 전적으로 그런 건 아니다), 바이러스 감염과 비교하면 타인의 건강에 끼치는 영향이 지극히 적고 직접적이지 않기 때문이다. 반면에 담배 소비와 관련해서는 2007~2008년 대중교통과 공공장소, 음식점에서의 흡연이 폭넓게 금지되었다. 물론 당시 반대의 목소리가 컸지만, 국가는 침묵하는 다수의 찬성에 기대어 간접 흡연의 위험으로부터 시민을 보호하고, 화재의 위험을 줄이고, 담배꽁초로 인한 환경 오염을 방지하고자 했다. 그건 서구의 다른 많은 나라도 마찬가지다.

그렇다면 〈인격의 자유로운 발현에 대한 권리〉처럼 헌법에 보장된 자유에 국가가 개입하는 것도 결코 코로나19 팬데믹 때만 가능한 역사적 예외가 아니다. 게다가 헌법도 국가의 그런 개입을 허용한다. 인격의 자유로운 발현이 〈타인의 권리를 침해할〉 때는 제약을 받을 수 있기 때문이다.[15] 다만 구체적으로 어떤 사안에서 그게 가능한지는 해석과 재량의 문제다. 공공장소에서의 흡연 금지가 건강에 대한 대중의 관심 증가에 힘입어 제도적으로 도입되기까지는 수십 년이 걸렸다. 그런데 흡연자가 코로나19에 특히 취약하다고 해서 국가는 흡연에 대해 또 다른 강도 높은 조치를 취할 수는 없다. 흡연자는 자신의 개인적 행동으로 기껏해야 가족이나 지인만 위험에 빠뜨릴 뿐 다른 모든 사람을 지속적으로 위협하지는 않기 때문이다.

자주 거론되는 또 다른 비교는 도로 교통이다. 독일 도로에서는 교통 사고로 해마다 평균 3천여 명이 사망하고, 30여만 명이 다친다. 하지만 이 정도 수치도 국가의 강력한 개입이 있었기에 가능한 일이다. 과거에는 교통량이 눈에 띄게 적었음에도 교통 사고 사상자 수는 훨씬 많았다. 예를 들어 1953년부터 1974년까지 독일에서는 매년 약 1만 5천 명이 교통 사고로 목숨을 잃었다. 그러다 안전 벨트 착용이 의무화되고, 혈중 알코올 농도 허용치가 0.8로 낮춰지고, 국도에서 허용 속도가 시속 100킬로미터로 제한되고, 차량 내 승객 보호용 장치의 설치가 좀 더 엄격하게 강화되자 교통 사고 피해자 수는 대폭 줄었다. 1970년대에 안전벨트 착용에 대한 격렬한 반대는 오늘날엔 그저 작은 주석일 뿐이다. 물론 지금까지의 조치로도 독일 도로에서의 안전을 위해 아직 최선을 다한 것이 아니라는 사실은 분명하다. 국민의 생명을 보호하고 생명의 위험을 줄이는 것을 주 목표로 여기는 사회가 아우토반의 속도 제한을 여전히 관철하지 못하는 것은 이해가 안 된다. 물론 장차 독일 자동차 산업의 중요성이 차츰 줄어들 거라는 점을 감안하면 개선 속도는 훨씬 빨라질 수 있다.

미래에 국가적 조치와 책임이 강화될 또 다른 영역은 환경이다. 팬데믹 초기 감염자 수가 아직 상당히 미미한 상태에서도 독일 정부는 즉각 봉쇄령을 내렸고, 바이러스 전문가와 전염병 학자들의 권고를 무척 성실히 따랐다. 이건 꽤나 놀라운 일이다. 국가는 코로나19가 독일에서 대략 2만 5천 명이 희생된 2017~2018년의 독감보다 정말 더 위험한지 확실하지 않은 상태에서 막 시작된 전염병에 대해 많은 사람이 처음엔 무척 당혹스러워할 정도로 단호하게 대응했기 때문이다. 게다가 지속적으로 인류를 위협하는 기후 재앙 문제에서는 늘 실현 불가능한 권고라며 폄훼하던 전문가들의 의견까지 갑자기 소중하게 귀담아 들었다. 반면에 기후 변화 영역에서는 기존 생활 습관의 포기 및 제한, 금지와 밀접하게 연결된 이산화탄소 배출과 환경 오염을 줄이기 위한 합리적 조치가 차일피일 미루어졌다. 독일뿐 아니라 전 세계 미래 생명에 대한 위험이 코로나19와는 비교가 안 될 정도로 높은데도 말이다. 코로나 상황에서 당장의 행동이 중요한 것처럼 기후 문제도 이에 못지않게 시급한데도 계속 미래로 연기되고 있고, 그를 통해 미래 세대의 부담은 점점 커지고 있다. 그건 무분별한 자원 착취나 재활용되지 않는 플라스틱의 사용 금지 문제도 마찬가지다.

화급한 위험을 안고 있음에도 여전히 등한시되는 환경 및 기후 정책과 비교하면 부당하다는 인상이 들지만, 그렇다고 국가가 코로나19 팬데믹 상황에서 강력한 예방적 방역 조치에 나서는 일을 바꿀 수는 없다. 그런데 막스 플랑크 화학 연구소의 추산에 따르면 코로나 조치의 시행으로 공기 오염이 현저히 감소했고, 그와 함께 전 세계적으로 약 7,400건의 조기 사망과 6,600건의 소아 천식을 막았다고 한다. 그렇다면 코로나와 기후 문제 사이에는 뜻밖의 연결 고리가 생겨난다.[16] 자동차 운행과 항공기 이용의 감소, 전력과 상품 생산의 축소는 세계의 많은 나라를 경제적 어려움에 빠뜨리지만, 다른 한편으로는 지구의 대기 질과 건강에 굉장히 긍정적으로 작용하고 있다.

따라서 코로나19에 대한 국가 대응이 적절했느냐의 물음은 두 가지 측면에서 던져질 수 있다. 첫째, 시민을 바이러스로부터 보호하고, 그와 동시에 시민을 서로로부터 보호하는 데 국가는 의무를 다했는가? 둘째, 코로나와 비교할 때 여전히 무시되거나 진지하게 취급받지 않고 있는 다른 위험이나 위기에 대해서는 국가가 의무를 망각하고 있지 않은가? 팬데믹이 전 세계적으로 맹위를 떨치던 2021년 2월 기준으로 코로나로 희생된 사람은 200만 명인데 반해 2020년 기아에 시달리는 사람은 약 8억 명이고, 영양실조로 죽은 5세 미만의 아동은 300만 명이다. 세계의 부자 나라들은 이런 상황을 바꾸거나 인간으로서 할 수 있는 최선을 다하고 있지 않다. 물론 그렇다고 독일 정부가 자국민을 가능한 한 무사히 코로나19 위기로부터 벗어나게 하는 일을 게을리할 수는 없다. 독일에서 범죄로 죽는 사람보다 가정 내 사고로 죽는 사람이 더 많다고 해서 사법 경찰의 일을 대수롭지 않게 여길 수는 없듯이 말이다. 그렇다면 국가가 다른 영역에서는 상대적으로 손을 놓고 있음으로써 도덕적 비난을 받더라도 팬데믹 상황을 극복하려는 행위는 내적으로 설득력이 있다.

따라서 코로나19 팬데믹 상황에서 자국민을 돌보는 조치는 지나치게 과도한 것이 아니고, 자의적 행위도 아니다. 그럼에도 국민 건강을 보호하는 과정에서 국가가 넘어서는 안 되는 경계가 어디인지에 대해 당연히 물을 수 있다. 팬데믹으로 취해진 기본권 제한은 위험이 사라지는 순간 즉시 철회될 것이 명백하다. 다만 각 지방 자치 단체가 야심한 시각에 공공장소에서의 음주 금지 같은 조치를 다시 풀지는 별개의 문제다. 이런 조치는 개인의 자유에 심각한 타격을 입히지 않을 뿐 아니라 이미 시행되고 있는 지역도 있다. 예를 들어 스페인 마요르카의 일부 해변 지역에서는 야간 음주 행위가 금지되어 있다. 이것이 독일 도시에서도 시행될지, 된다면 얼마만큼 엄격하게 시행될지는 국가의 강압적 권위가 아니라 민주적으로 뽑힌 시장이나 시의회의 손에 달려 있다.

그럼에도 우리는 수백 년에 걸쳐 돌봄 및 대비 국가로 서서히 발전해 온 과정을 되짚어 보면서 국가가 시민의 건강 영역에서 넘어서는 안 되는 경계가 어디인지 진지하게 물을 수밖에 없다. 왜냐하면 현대의 사회 국가는 예전에는 꿈도 꾸지 못할 만큼 광범하게 시민을 감시하고 통제할 수단을 보유하고 있기 때문이다. 이제는 유아기의 예방 접종부터 이후의 검진 및 치료 기록까지 모든 시민의 의료 정보는 보건 당국에 의해 체계적으로 수집된다. 그뿐 아니라 우리는 사회적 행동을 통해서도 우리 자신의 정보를 점점 투명하게 드러낸다. 무엇보다 디지털 미디어의 사용을 통해서 말이다. 건강 정보와 질병 정보는 미래 의료 분야의 황금알로 여겨진다. 기업과 국가가 그것들을 어떤 방식으로 어느 범위까지 이용할지 허용하는 문제는 굉장히 폭발력이 강하다. 디지털 의료 분야에서 개인 정보의 자기 결정권이 서서히 잠식될 거라는 우려는 안타깝게도 현실이다. 이와 관련해서 국가와 디지털 기업의 행동은 엄격하게 통제되어야 하고, 의료 정보에 대한 접근은 법적으로 철저하게 감시되어야 한다. 코로나19 확진자와의 접촉 가능성을 알려 주는 코로나 추적 앱 Corona-Warn-App과 그 안정성을 둘러싼 치열한 토론이 그에 대한 좋은 보기를 제공한다. 이 앱은 일부 이용자들의 과도한 기대를 충족시키지는 못하지만 그럼에도 현재까지는 개인 정보 보호와 관련해서 신뢰할 만한 것으로 증명되었다.

현재 개인 정보 보호법의 울타리를 흔드는 바람은 매우 거세다. 지난 두 세기 동안 삶의 위험으로부터 시민을 보호하려는 노력이 점점 강화되어 왔다면 그에 발맞추어 개인 정보를 보호하려는 조치 역시 더욱 강화되어야 한다. 실리콘밸리는 기술적 해결책을 통해 자유의 여지를 사회 기술적으로 축소시키려고 애쓰는 위험한 선구자다. 점점 많은 사람이 자발적으로 디지털 자기 감시를 통해 삶의 위험을 줄이려 한다면 기업 입장에서도 그런 개인 정보의 이용을 마다할 이유가 없다. 당사자들이 이의를 제기하지 않는다는 전제하에서 말이다. 만일 보험회사가 개인 정보를 제공하는 대가로 보험료를 깎아 준다면 과연 고객들은 거부할 수 있을까? 실리콘밸리식 보호 무역주의는 기술적 감시로 찾아낸 주민의 미덕은 칭찬하고 잘못된 행동은 벌하는 중국의 사회 신용 독재보다 상냥한 얼굴을 하고 있다. 그러나 미국과 서유럽에서도 사람들은 점점 비밀이 없어지고 있다. 이런 우려는 국민의 통제력이 미치지 않는 정보 기관이나 민간 기업에도 똑같이 해당한다. 만보기, 위치 추적,

검색 추적, 앱이나 휴대폰 사용 기록으로 시작되는 디지털 감시 체제는 더욱 은밀하게 우리의 자유를 축소시키고 있다.

상황은 모순적이다. 오늘날 독일인들은 과거와는 비교가 안 될 정도로 자유롭게 산다. 국가가 사회적 돌봄과 대비를 통해 각자의 개성을 마음껏 발현할 기회를 보장하기 때문이다. 오늘날 독일에서는 전쟁에서 학살당하고, 굶어 죽고, 얼어 죽고, 병에 걸려 죽고, 노동 재해로 목숨을 잃고, 노년에 비참하게 사망할 가능성은 과거 어느 때보다 낮다. 하지만 다른 한편으로 사람들은 디지털 미디어 사용을 통해 스스로 의식하지 못하는 가운데 자신의 자유를 점점 더 제약한다. 편리함을 얻고 삶의 위험을 줄이는 대가로 스스로를 점점 더 수동적으로 만들고, 외부에서 자신을 좀 더 투명하게 들여다볼 수 있게 한다. 그것으로 이익을 얻는 사람이 누구든 간에 말이다.

완벽한 위험 회피의 최종 소실점은 항상 죽음이다. 죽음의 상태만이 삶의 온갖 고약한 일과 불확실성으로부터 인간을 지켜 준다. 따라서 삶의 위험을 최소화하는 것은 늘 삶의 다채로운 향유와 가능하면 아무 일도 일어나지 않는 수동성 사이의 균형이다. 내가 위험을 최소화할수록 고통 회피의 원칙은 점점 강력하게 쾌락 획득의 원칙에 승리를 거둔다. 물론 그럴수록 삶은 점점 지루해진다.

이런 식으로 개인에 적용되는 것은 국가에도 해당된다. 팬데믹의 예외 시기에 인간은 다른 모든 타인에게 잠재적 위험 요소다. 경찰도 순수 직업적으로 보면 그와 비슷하게 생각한다. 만일 국가가 질서 수호자로서의 안경을 벗지 않으면 헌법으로 보호되는 개인적 삶의 위험에 지속적으로 개입할 위험이 존재한다. 그럴수록 팬데믹을 국가 개입의 경계를 바꾸기 위한 구실로 삼기보다 오직 절대적인 예외 상황으로만 간주하는 것이 중요하다. 코로나19 시대에 국가가 더욱 부추긴 개인 및 타인의 건강에 대한 불안은 바이러스의 유물로 계속 남아서는 안 된다. 불안 이후에는 밝은 미래에 대한 확신의 시대가 이어져야 한다. 그러려면 정치인들 스스로 팬데믹 때 행사했던 막강한 권력을 원점으로 돌려놓아야 한다.

게다가 이참에 경찰법으로서 감염병 보호법이 어느 선까지 국가 보건 정책의 적합한 법적 테두리인지에 대한 진지한 고민도 이루어져야 한다. 독일 헌법재판소가 개발한 〈본질성 이론〉에 따르면 기본권 행사와 기본권 개입의 본질적인 문제를 하위 법령으로 구체화하는 권한은 주지사가 아니라 의회에 있다. 이 대목에서 행정 입법으로 이루어지는 경찰법으로서 감염법 보호법은 의회의 민주 정치적 권한과 쉽게 충돌한다. 이는 공중 보건과 관련한 예외 상황이 또다시 닥치기 전에 해결해야 할 법적 과제다.

중간 결산을 해보자. 기본권은 시민 개개인이 충분히 누릴 수 있도록 국가가 직분을 다할 때만 온전히 실현된다. 만일 주거지와 고향땅을 무일푼으로 도망치듯이 떠나야 하는 상황이라면 거주 이전의 자유에 대한 보장은 의미가 없다. 과도한 육체노동으로 생계를 꾸려 나가야 하고 병에 걸렸을 때 보호받지 못한다면 신체적 안녕에 대한 기본권은 하나 마나 한 소리다. 게다가 개인의 자유로운 발현 역시 교육의 기회와 범죄로부터의 보호, 안정된 연금 같은 많은 요소를 전제로 한다. 따라서 국가의 돌봄 및 대비 의무와 기본권의 자유로운 구현은 서로 깊이 연결되어 있다. 국가의 생체 정치도 이런 긴장 관계 속에서 움직인다. 즉, 침해할 수 없는 시민의 자율성과 국가의 보호 의무 사이에서 움직인다는 말이다. 그와 병행해서 지난 200년 동안 시민이 자유민주주의 국가에 거는 돌봄 및 대비의 기대는 지속적으로 높아졌다. 따라서 행복주의를 토대로 하는 국가는 삶의 모든 위험으로부터 시민을 보호해야 하고, 최대의 행복을 보장하지는 못하더라도 최소한 행복한 삶이 가능하도록 노력해야 한다. 〈신의 죽음〉과 국가 이론에서 옛 자연법의 소멸 이후 국가의 존재는 바로 그런 의무를 통해 정당화된다. 그것이 권리와 의무, 개인의 자유와 국가의 책임 사이에서 긴장감을 불러일으키는 것은 불가피하다. 따라서 방금 논의된 적절성이 정당한 국가적 행위의 핵심 기준이 된다.

그런데 모든 것을 통제하는 경찰국가가 아닌 자유민주주의 국가는 돌봄 및 대비라는 자신의 의무를 충실히 이행하려면 시민의 이해와 협력에 의존할 수밖에 없다. 시민이 코로나19 팬데믹과 관련한 국가적 조치를 지켜야 하는 것은 법적으로 분명하다. 그렇다면 시민이 이 의무를 도덕적으로 받아들일지 말지에 결정적으로 영향을 끼치는 요소는 무엇일까?

4
시민의 의무와 탈도덕화

〈삶의 어떤 영역이든, 그러니까 정치적 영역이든 사적인 영역이든, 혹은 공공의 문제든 자기 가족만의 문제든, 아니면 혼자 하는 일이든 남들과 함께하는 일이든 모두 **의무로부터 자유로울 수 없다.** 그 의무를 존중하는 사람은 명예롭게 사는 것이고, 무시하는 사람은 수치스럽게 사는 것이다.〉[17] 로마 제국의 정치인이자 철학자 마르쿠스 툴리우스 키케로가 볼 때 모든 행위는 당연히 의무 및 의무감과 어느 정도 관련이 있다. 내가 어떤 일을 하건 명예로운 행동은 수치스러운 행동과 분리되어야 하고, **존중받는 행동은 배척받는 행동**과 구분되어야 한다. 그로써 존중해야 할 것을 명확하게 알게 된다면 그것을 삶의 길잡이로 삼아야 한다. 도덕적으로 생각하는 이는 신념의 충실한 이행을 **자신에 대한 의무**로 여기는 사람이다. 즉, 동물처럼 단순히 유익한 것만 아는 것이 아니라 인간과 동물을 구분하는 본질적인 요소, 즉 명예로움도 아는 신념을 이행해야 한다는 말이다. 이때 모든 명예로운 것은 동시에 유익하다. 그것은 어떤 경우에도 자존감에 이롭기 때문이다. 반대로 유익하다고 해서 반드시 명예로운 것은 아니다. 특히 사회적으로 비싼 대가를 치러야 할 경우에는 더더욱 그렇다.

키케로가 기원전 44년 겨울에 글로 풀어놓은 생각이다. 그는 두루마리 그리스어 텍스트에 둘러싸인 채 자신의 영지 포르미아눔에 불안하게 은신하고 있었다. 오늘날 프라스카티*에 해당하는 지역이다. 투스쿨라눔 별장에서 알바니 산지의 언덕을 바라보는 그의 시선에는 수심이 가득 차 있었다. 율리우스 카이사르는 3월에 살해되었고, 그 뒤 키케로는 마르쿠스 안토니우스에 맞서 공화국의 가치를 부르짖는 빼어난 연설을 했다. 그 바람에 원치 않는 망명을 강요당한 그는 책들의 세계에 은거한 채 우정에 관한 유명한 대화록『우정론Laelius de amicitia』과 책임감 있는 행동을 강조하는『의무론De officiis』을 집필했다.

* 이탈리아 라치오주 로마현 근교의 휴양지.

키케로는 자신의 강제 은퇴를 한니발과의 전투에서 승리한 뒤 말년에 환멸을 느끼고 캄파니아로 칩거한 야전사령관 푸블리우스 코르넬리우스 스키피오 아프리카누스의 운명과 씁쓰레하게 비교한다. 글에서 인용한 스키피오의 말도 그 야전사령관뿐 아니라 자기 자신에게 하는 말이나 다름없다. 〈이만큼 한가했던 적도, 이만큼 외로웠던 적도 없었다.〉[18] 그런데 활동을 하지 않을 때 활동에 대한 깊은 숙고가 가능해지고, 〈인간의 온갖 번다한 일에서 벗어나…… 외딴 항구와 같은 고독 속에〉 파묻혀 살 때 생각은 더욱 벼려진다.[19]

2020년 말과 2021년 초 겨울에도 다른 배들과 거리를 두고 떨어져 항구에 조용히 묶인 배들이 있다. 바삐 돌아가던 삶의 속도를 줄이고, 외부와 단절한 채 〈의무의 장소〉로서 가정에서 근무하는 사람들이다. 이렇듯 우리 삶이 요구하는 더 빨리, 더 높이, 더 멀리의 구호에서 벗어나고 삶의 번잡함에서 해방되면 일상의 표면 아래 잠들어 있는 삶의 본질에 대한 감각이 날카로워진다. 거기다 덧없는 즐거움과 지속적인 즐거움, 하찮은 욕구와 중요한 욕구를 구별하는 감각까지 벼려진다. 또한 인간이 서로에게 얼마나 의존적인 존재인지도 새삼 깨닫는다. 다시 말해 우리는 가족이든 친구든, 대화 상대든, 아니면 그저 존재만으로도 안심이 되는 사람이든 서로 깊이 의지하며 살아간다.

투스쿨라눔 별장에 칩거하던 키케로도 비슷한 생각을 했던 모양이다. 삶에서 중요한 것은 무엇일까? 인간다운 삶, 즉 인간의 천성에 어울리는 선하고 올바른 삶은 어떤 것일까? 키케로는 아테네에서 별다른 동기 없이 태만하게 공부하고 있던 아들 마르쿠스에 대한 걱정이 컸다. 그래서 편지 형식으로 집필한 『의무론』에서 삶에서 정말 중요한 것은 무엇이고, 그것이 일상적인 삶의 의무와 어떤 관계가 있는지 아들의 가슴에 호소하려 했다. 또한 미래 엘리트인 국가 지도자들을 향해서도 어디에 초점을 맞춰 행동해야 하는지 충고했다. 키케로 본인은 고대 그리스 철학에 방향을 맞추고 있었다. 그 중에서도 플라톤과 아리스토텔레스 철학, 특히 스토아학파에 뿌리를 두고 있었다. 그렇다면 스토아학파는 키케로가 **의무**officium라고 번역한 **카테콘**kathēkon, 즉 〈인간으로서 마땅히 해야 할 적절한 행위〉에 대해 뭐라고 했을까?

키케로는 의무를 생각할 때 처음엔 국가를 떠올리지

않았다. 돌봄 및 대비 국가는 당시 로마에 존재하지 않았다. 양도할 수 없는 기본권도 없는 것이나 마찬가지였다. 키케로에게 의무는 언제나 너 자신과 일치하도록 행동하라는 자기만의 고유한 자아상에서 나온 논리적 귀결이었다. 여기서 자신과 일치한다는 것은 무슨 의미일까? 고대 그리스 전통에서 인간은 아레테arete, 즉 탁월함을 추구해야 한다. 성격이 탁월할수록 삶도 더 가치 있고 충만해진다. 자신과 하나가 되거나 아리스토텔레스의 표현처럼 자신과 〈벗이 된〉 사람은 자신의 욕구와 세계의 요구에 보다 적절히 대응할 수 있다. 그렇다면 어떻게 탁월함에 이를 수 있을까? 미덕, 그중에서도 정의와 지혜, 용기, 절제를 추구함으로써 이를 수 있다. 이 네 가지 이상적 미덕은 인간에게 좋은 삶을 산다는 것이 무엇인지 말해 준다. 고대인의 생각에 따르면 이 미덕들에 강하게 초점을 맞출수록 그것들을 더 많이 내면화해서 성격으로 형성할 수 있다.

여기까지는 매우 개인적이고 인격적인 성격을 띤다. 그러나 키케로는 여기에 머물지 않는다. 고대 그리스의 거의 모든 학파는 인간 같은 사회적 존재는 공동체 안에서만 충만한 삶을 살 수 있다고 생각했다. 그와 함께 원래는 군사적 유능함을 뜻했던 개념인 **아레테**는 철학사의 흐름 속에서 차츰 사회적인 것으로 변해 갔다. 탁월한 인간은 정의롭고, 지혜롭고, 용맹하고, 감정을 잘 조절할 뿐 아니라 사회적인 능력도 뛰어나다. 키케로는 그런 재능이 특히 뛰어난 사람은 반드시 정치를 해야 한다고 강조했다. 스토아학파 전통에서는 전력을 다해 공동체를 돕는 것은 재능이 뛰어난 사람의 의무였다.

도덕은 자기 수양인 동시에 타인을 위한 일이다. 여기서 키케로가 말하는 **모랄리스**moralis, 즉 도덕은 다른 그리스인들이 **에티코스**ethikos, 즉 〈성격〉이라고 말한 것과 동일하다. 미덕 윤리의 측면에서 보자면, 한 사람의 성격은 지속적인 노력으로 점점 공고해지는 인격적 중심을 형성한다. 다른 일을 할 때도 그렇지만 특히 자기 자신을 대상으로 일을 할 때면 어떤 사람은 장인의 솜씨로 정성스럽고 철저하게 작업해 나가는 반면에 어떤 사람은 자신의 성격을 갈고 닦지 않거나, 하더라도 피상적이고 날림으로 연마해 나간다. 이들은 자기 행동의 동기에 대해 해명하는 일이 별로 없고, 하더라도 이기적이거나 맹목적으로, 또는 공허하게 해명한다. 그로써 성격은 탁월하고 행복해지는 대신 점점 타락하고, 탐욕과 허영심, 시기, 미움으로 가득 차서 세상을 향해 욕을 퍼붓는다.

이러한 특성이 행동을 지배할수록 그 사람의 모랄리스는 점점 안 좋아진다. 이 점에서는 거의 모든 고대 사상가의 의견이 일치한다. 다시 말해 앞서 언급한 네 가지 미덕(성격)은 선하고 올바르지만, 그런 성격의 결함은 나쁘다는 것이다. 그들의 의견에서 차이가 있다면 그런 미덕의 순위에 관한 것뿐이다. 플라톤처럼 모든 미덕을 찬란하게 비춰 주는 것은 **선의 이데아**일까? 키케로처럼 선의 이데아는 결국 **정의**일까? 아니면 아리스토텔레스의 말처럼 다른 미덕들의 합주를 조화롭게 지휘하는 것은 프로네시스phronesis, 즉 **실천적인 삶의 지혜**일까? 아무튼 도덕적으로 올바르고 적절한 것이 무엇이냐에 대한 판단에 앞서 존재하는 것은 어떻게 사는 것이 좋은 삶이냐에 대한 특정한 관념이다.

이것은 결코 진부한 문제가 아니고, 그와 연결된 다른 모든 숙고의 결정적인 토대인 동시에 어쩌면 미덕 윤리 중에서 우리에게 남은 가장 중요한 유산일지 모른다. 반면에 나머지 것들은 시효가 지났다. 오늘날 도덕 심리학자와 사회 심리학자들은 인간에게 확고한 성격이 있다는 사실을 더는 확신하지 못한다. 성격은 변할 수 있고, 적응력이 무척 뛰어나고, 그 자체로 모순적일 때가 많다. 게다가 인간은 미덕을 전혀 갖고 있지 않을 수도 있고, 그것을 양도할 수 없는 소유물처럼 간직하지도 않는다. 용기나 정의의 미덕과 완전히 일체가 된 철두철미하게 용맹하거나 정의로운 사람은 없다. 대신 서로 다른 방식으로 용감하고, 상황에 따라 정의의 가치를 더 높게 치거나 더 낮게 여기는 사람만 존재할 뿐이다. 용맹스러운 군인도 아내와 자식에게는 겁쟁이일 수 있고, 공평무사한 판사도 자신의 가족과 관련해서는 정의롭지 않을 수 있다. 또한 신자들에게는 겸손을 설파하면서 스스로는 자만심에 빠진 사제가 있고, 세상의 모든 지혜를 성찰하면서도 자신의 삶은 어리석게 꾸려나가는 철학자도 있으며, 평소에는 그렇게 다정다감하던 사람이 교도소나 수용소에서는 거친 야수로 돌변하기도 한다.

근대성은 키케로와 미덕 윤리에 수정을 가한다. 그 첫 번째가 도덕은 맥락의 문제라는 인식이다. 물론 미덕 윤리학자도 도덕이 항상 상황과 관련되어 있다고 가르치기는 하지만, 도덕의 중심에는 항상 확고한 성격이

자리하고 있다고 가정한다. 따라서 〈무엇이 좋은 삶인가?〉, 〈우리는 남들에게 어떤 의무가 있는가?〉, 〈우리에 대한 타인의 권리는 무엇인가?〉라는 질문은 항상 양극단 사이에서 모호하게 어른거린다. 한쪽 극단에는 **상황과 맥락**이 있고, 다른 쪽 극단에는 **우리의 자아상**이 있다. 이처럼 모호하게 양극단을 오가다 보니 미덕 윤리학자들이 작성한 좋은 행동의 목록은 제한적으로만 쓸모가 있을 뿐 미덕이나 가치가 서로 충돌하는 딜레마 상황에서는 어떤 지침도 제시하지 못한다. 또한 자아상의 측면에서도 누가 어떤 행동을 하거나 하지 않았을 때 어떤 심리적 동기가 작용하는지 말해 주지 못한다. 윤리학자, 특히 칸트의 전통에 입각한 윤리학자는 일반적으로 누군가 **어떤 올바른 행동을 하느냐**보다 **어떤 동기에서** 그런 일을 하느냐를 더 중시한다. 그런 행동이 두려움에서 나왔는지, 아니면 분별력이나 선한 마음에서 나왔는지는 결코 똑같지 않다. 내가 누군가를 살뜰하게 보살피는 것이 유산을 상속받기 위함인지, 아니면 진정 어린 공감이나 의무감에서 나온 것인지도 동일하지 않다. 그건 코로나19 상황에서 마스크 착용의 의무도 마찬가지다. 내가 마스크를 쓰는 것이 사회적 처벌이나 남의 눈에 대한 두려움 때문인지, 아니면 공감과 연대, 의무감 때문인지는 윤리적으로 결코 같지 않다.

내 윤리의 중심은 내 행동이나 내 말에 있는 것이 아니라 **내가 나 자신을 어떤 사람으로 여기고, 어떤 사람으로 보고자 하느냐**에 있다. 물론 윤리는 행위를 통해 생기고, 그로써 행동하는 사람의 존재를 특징짓기는 하지만, 어떤 것이 옳거나 그른지의 판단에 결정적인 영향을 미치는 것은 내 행동이 아니라 내 자아상이다. 남들이 단순히 내 말과 행동만 중요하게 여기지 않는 것은 이상한 일이 아니다. 그런 말과 행동을 하는 사람이 **누구인지**도 그만큼 중요하다. 만일 독일 DAX 지수*에 편입된 한 대기업 경영진이 자본주의나 우리의 총체적인 생활 방식을 공공연히 지탄한다면 그건 녹색당이나 좌파 정당 의원의 말과는 다르게 받아들여진다. 전쟁을 촉구하는 평화주의자의 말이 육군 장성의 말과 다르게 인식되듯이 말이다.

그런데 나의 기본 신념과 세계관, 윤리, 의견의 중심에 내 자아상이 있다면 그에 따른 결과는 막대하다. 우

---

* 독일 프랑크푸르트 증권거래소에 상장된 시가 총액 상위 30개 기업의 종합 주가 지수.

선 삶에 대한 도덕적 태도는 오랜 성찰과 면밀한 숙고에서 생기지 않는다. 오히려 도덕에서 가장 중요한 결정 요소는 다음 물음에서 시작된다. 나는 도덕적인 인간이 되고 싶은가? 만일 그렇다고 한다면 어느 정도까지 도덕적이고 싶은가? 혹시 나는 도덕적 인간보다 〈미덕 테러〉*에 저항하는 사람이 되고 싶지 않을까? 혹은 남의 자아상에 내재한 모순과 균열을 찾아내는 것이 내 자아상에 더 어울리지 않을까? 그러면 나 자신에게 도덕적 문제를 제기할 필요조차 없다. 게다가 비슷한 생각을 하는 사람들에게 박수갈채까지 받는다면 그것으로 충분히 만족할 수 있다.

남의 실수나 허점을 먹고사는 이런 식의 식인주의 도덕은 공감력 부재의 명확한 증거이자 탈의무를 뒷받침하는 최상의 토대다. 이로써 팬데믹 상황에서 타인의 권리에 대한 자신의 의무를 나 몰라라 하고, 돌봄 및 대비 국가에서 반연대적인 행동으로 나아가게 만드는 것이 무엇인지 대략적으로 설명이 된 듯하다. 내 행동의 나침반은 나의 개인적 권리를 더 이상 배려의 의무와

---

* Tugendterror. 정치적 올바름에 기초해서 자신들이 옳다고 믿는 것을 남에게도 강요하는 행위. 여기엔 도덕적 우월성이 깊이 깔려 있다.

연결해서 생각하지 않고, 내 권리를 극단적으로 의무와 분리시킨다. 심지어 최악의 경우엔 자기만의 고유한 의무를 만들어 내기도 한다. 예를 들면 어떤 일이 있어도 포기할 수 없고, 조금의 배려도 필요 없는 상상 속의 적에 대한 저항이 그중 하나다.

그렇다면 왜 그렇게 많은 사람이 의무를 받아들이기 어려워하고, 무시하거나 없애 버리려고 할까? 심리학적으로 볼 때, 사람들은 충분히 공감할 수 있는 합리적인 의무조차 그것을 짊어진다고 생각하면 부담스럽게 느낀다. 〈의무〉라는 말 자체가 이미 직관적으로 그다지 호의적으로 다가오지 않는다. 양치질의 의무, 건강 검진의 의무, 설거지와 청소의 의무처럼 거추장스러운 일들이 먼저 떠오른다. 노르웨이 작가 헨리크 입센의 말처럼 의무는 많은 사람에게 〈차갑고, 혹독하고, 기분 나쁘게〉 들린다. 게다가 키케로의 시대처럼 〈명예〉가 아니라 돈을 중심으로 돌아가는 사회에서는 의무 수행을 훌륭한 인격 수양으로 보는 것은 훨씬 어렵다. 오늘날 의무 수행은 〈성가신 일〉을 마지못해 하는 마뜩잖음과 〈자기 의무를 다함〉으로써 생기는 긍정적인 자기 효능감 사이를 오간다. 의무를 좋아하는 사람은 거의 없다.

그러나 의무를 다하고 나면 왠지 기분이 좋아지고 만족감이 드는 경우가 많다.

명예와 유익성에 관한 키케로의 성찰에서 오늘날에는 두 번째 것만 남아 있을 때가 많다. 그것은 21세기 자유민주주의 사회가 의무 수행을 무비판이나 순응과 동일시하는 경향과도 맞아떨어진다. 그러나 의무를 순응과 동일시하는 하는 것은 치명적인 오해다. 좋은 시민이라면 결코 무조건적인 순응을 의무로 느끼지 않는다. 예를 들어 누구도 횡단보도에서의 빨간불을 절대적인 정지 신호로 존중해야 할 도덕적 의무는 없다. 심지어 뉴욕 같은 대도시에서는 보행자 신호의 빨간불을 너무 엄격하게 받아들이지 않는 편이 한층 영리할 수 있다. 그렇지 않으면 신호가 너무 짧아 통행량이 많은 도로를 건너지 못할 수도 있다. 하지만 아무도 다치지 않으리라는 자기 판단 아래 **자동차 운전자가 빨간 신호등에 길을 지나는 행위**는 완전히 다르다. 보행자가 빨간불일 때 길을 건너는 행위는 자신의 생명만 위태롭게 하지만, 자동차가 빨간불일 때 자기 판단에 따라 지나가는 것은 타인의 생명을 위협한다. (인터넷에서 아무 말 대잔치나 벌이는 일부 누리꾼은 이 단순한 차이를 이해하지 못하는 것으로 보인다. 이들은 내가 빨간불일 때 자동차로 지나가는 것에 대한 반대 입장을 보행자가 빨간 신호등에 길을 건너는 것과 동일시하고는 괜한 철학적 소란을 만들어 낸다.)

자기만의 도덕적 견해에 대한 위반과는 달리 규범과 법규 위반은 타인에게 가해질 잠재적 해악의 규모에 따라 측정된다. 의무 수행은 자기 목적이 아니다. 유익함과 상관없는 의무는 비판적으로 캐물어야 한다. 자유민주주의 국가에서 책임감 있는 시민이 된다는 것은 결코 무비판이나 대중 매체를 통해 확산되는 다수 의견의 동조를 의미하지 않는다. 석탄 화력발전소나 군비 확장에 반대하는 사람들은 시민적 의무를 등한시하는 것이 아니고, 그 때문에 공감 능력이 없거나 약자와 보호가 필요한 사람을 등한시하는 것도 아니다. 그러나 크베어뎅커*들의 반대 시위는 **인간성이나 인간애**의 이름으로 행해지는 저항이 아니다. 그들의 데모는 부자 나라들의 과잉 소비와 세계 곳곳의 기아에 반대하는 시위나 여전히 급속도로 진행되는 기후 변화에 대한 저항과 비교할 수

* Querdenker. 〈삐딱하게 생각하는 사람들〉이라는 뜻으로 코로나19 팬데믹 상황에서 내려진 국가적 보호 조처에 반대하기 위해 만들어진 극우 성향의 단체.

없다. 그들은 기껏해야 입 앞에 착용하는 천 조각 하나에 저항하는 것뿐이다. 우리의 생명을 지키는 최선의 방법이라고 전문가들이 이구동성으로 말하는 마스크 하나에 말이다.

국가에 의해 내려진 의무가 인간성과 인간애에 반할 때 모든 시민은 그 의무에 따르지 않을 도덕적 권리, 아니 의무가 있다. 국가의 전횡, 거대한 불의, 전제 정치의 위험에 대한 저항은 고대에만 시민의 도덕적 의무가 아니었다. 그러나 아무리 눈을 씻고 봐도 크베어뎅커 데모나 인터넷 광장에서 활동하는 코로나19 저항자들이 **인간성**을 옹호하고 있다는 인상은 받을 수 없다. 그들의 탈의무는 코로나19가 날조되었거나 위험하지 않다는 무모한 억측과 독일 정치인들이 **딥 스테이트** 내지 독재를 추구한다는 근거 없는 의심에 기반하고 있다.

따라서 어떤 동기에서, 어떤 요구에 맞서 의무를 벗어던지느냐는 굉장히 큰 차이다! 저항 행위는 어떤 이에게 *스스로* 중요한 사람이라는 휘발성 강한 인상을 심어 줄 수 있다. 하지만 적절한 목표물이 없으면 그런 저항성은 쉽게 바보 같은 행위로 빠져들고 만다. 도덕은 키케로가 고대 그리스적 전통에 입각해서 생각한 것처럼 성격을 지속적으로 갈고 닦는 수양 작업이 아니고, 인간은 조각 작품처럼 만들어지는 것도 아니다. 도덕은 그때나 지금이나 판단력 훈련의 기술과 밀접하게 연결되어 있다. 내가 생각하는 것이 혹시 내게만 용감하고 지혜롭고 정의롭거나, 나 혼자만 옳다고 믿는 것이 아닐까? 내가 저항하는 것이 혹시 절제의 미덕을 내팽개치는 것을 정당화할 만큼 인간성을 위협하는 것은 아닐까? 〈어떤 일에 이성을 잃지 않는 이는 잃어버릴 이성이 없는 사람이다.〉 고트홀드 에프라임 레싱의 희곡『에밀리아 갈로티*Emilia Galotti*』에 나오는 말이다. 그러나 모든 일에 이성을 잃는 이도 안타깝지만 이성이 없는 사람이다.

마지막 문장은 오늘날 우리가 살고 있는 미디어 분노 사회에만 해당되는 것이 아니라 자잘한 일에도 크게 분노하는 우리의 행태에도 해당된다. 모든 도덕적 척도는 그것을 아무렇지도 않게 쉽게 공격하고 심지어 가끔은 웃음거리로 만드는 과도한 열정과 과장을 통해 위협받는다. 그건 자기들끼리 일방적으로 해석한 자유의 기치 아래 움직이는 〈크베어뎅커〉뿐 아니라 자신의 개인적 의무를 다하는 것에 만족하지 않고 의무를 저버린 다른 이들을 격하게 비난하거나 사회적 악으로 낙인 찍는 의무광들에게도 해당된다. 따라서 지나친 공격성은 코로나19를 부인하거나 별것 아닌 것으로 취급하는 사람에게만 한정되지 않고, 의무 수행을 무조건적인 지상명령으로 여기는 대세 순응주의자들에게서도 발견된다. 정당한 공격성에서 행동하고 있다는 감정은 그들 스스로 생각하는 것보다 훨씬 밀접하게 양쪽을 연결시킨다.

오늘날 감정 절제는 고대처럼, 심지어 20세기 후반부만큼도 원활하게 이루어지지 않고 있다. 거기엔 여러 가지 이유가 있다. 감정은 오늘날 일반적으로 정당한 것으로 여겨지고, 사적 대화에서부터 미디어 보도에 이르기까지 모든 것을 결정한다. 이제는 항상 무언가에 대해 자신이 느끼는 감정이 중요하다. 우리는 감정의 시대에 살고 있고, 바로 그것이 도덕적 행동에 무척 중요한 맥락까지 결정한다. 그런데 현대 민주주의 사회의 시민은 역사상 일찍이 없었던 엄청나게 많은 규정과 명령에 포위되어 있다. 사람들이 툰드라, 타이가, 프레리, 사바나, 팜파스 같은 지역이 아닌 도시에 점점 밀집해 살수록 규제는 늘어날 수밖에 없다. 또한 기능적으로 세분화된 사회에서 인간의 사회적 관계가 복잡해질수

록 규범과 법규, 지침도 늘어난다. 관료주의라는 반(半)
인공 지능적 시스템의 걷잡을 수 없는 확산이 그런 규
제의 상당 부분을 만들어 낸다. 또 다른 규제는 건강과
우리 아이들에 대해 점점 커지는 걱정 때문에 만들어진
다. 내 세대의 유년기에는 주변에 온통 납이 널려 있었
고, 수많은 목공 재료와 바닥재, 가구, 직물에 포름알데
히드가 포함되어 있었다. 자전거 헬멧은 아직 없었고,
식품에 첨가하는 색소에 대한 검사는 거의 이루어지지
않았으며, 심지어 펠트펜에는 환각성 물질이 일부 함유
되어 있었다. 지금은 그중 많은 것이 엄격하게 규제되
고 있다. 금지와 법규, 부모들의 염려가 이전에는 야생
상태였던 곳에 보호 울타리를 치기 시작한 것이다.

  인구 밀도의 증가, 고도화하는 기계적 환경, 잠재된
사회적 갈등, 건강에 대한 염려, 이 모든 것의 복합 작용
으로 인간 내면에 감추어진 잠재적 스트레스는 과거에
비해 한층 높아졌다. 반면에 역사적으로 유례가 없는
사적 감정의 무제한적인 표출에도 불구하고 지난 수십
년 동안 일상에서의 공격성과 〈통상적인〉 폭력의 총량
은 꾸준히 줄어들었다. 오늘날 독일의 길거리에서 모욕
이나 폭행을 당할 가능성은 과거 어느 때보다 현저히

낮다. 하지만 그와 병행해서 그런 폭력이 일어나지 않으리라는 기대도 끊임없이 높아진 탓에 폭력이 실제로 줄어들었다는 느낌을 받는 사람은 그리 많지 않다. 눈에 보이는 외적 폭력은 줄어든 반면 내적 공격성의 증가라는 현실적 역설을 보여 주는 좋은 예가 바로 도로 교통이다. 자동차 덩치가 점점 커지고 교통 밀도까지 엄청나게 높아졌지만 그와 동시에 충격 흡수 장치, 에어백, 뛰어난 제동 장치, 안전벨트 같은 안전 기술이 고도화하면서 교통사고 사망자 수는 줄어들었다. 대신 치솟는 세금을 향해 이를 드러내는 심리적 공격성은 대폭 높아졌다.

가시적 공격성은 지난 수십 년 사이 밖에서는 잘 보이지 않는 은밀한 대피소로 숨어들었다. 예를 들면 안이 보이지 않을 정도로 진하게 선팅한 자동차나 익명성이 보장된 소셜 네트워크 같은 곳이다. 잠재된 공격성에 대한 엄격한 사회적 규범은 우리 시대의 특징이다. 그러다 보니 정치적 이슈를 내면의 공격성을 발산하기 위한 배출구로 삼는 사람이 꽤 많다. 난민 문제든 코로나 조치 문제든 그것은 결국 공격성 분출을 위한 계기일 뿐 중요한 것은 내면에 자리하고 있는 잠재적 분노다. 코로나19 팬데믹이 극복되면 다음 배출구도 분명 빠르게 찾아질 것이다. 미리 암시를 주자면 임박한 기후 재앙을 막기 위한 조치와 세금 증가가 분노 표출의 대상이 될 것이다.

그렇다면 고대 이후 사회적으로 요구된 절제의 미덕에는 무절제라는 이면이 존재한다. 여기서 이런 의문이 든다. 최근 들어 왜 하필 국가가 그런 무절제한 분노의 목표물이 되었을까? 물론 현 정치를 비롯해 개별 정치인과 정당들에 대해 비판할 부분은 여전히 많다. 하지만 아무리 그렇다고 해도 지금처럼 국가에 대한 증오감을 과도하게 표출하고, 정치인들이 언제나 비열한 욕망에 따라 움직이고 끊임없이 거짓말을 하고 있다고 지나치게 의심하는 현상은 잘 설명되지 않는다.

혹시 현재의 역설적인 상황 속에 그런 현상에 대한 답이 있지 않을까? 오늘날 우리 삶은 수많은 규정과 세금으로 둘러싸여 있기는 하지만, 대신 국가가 평소에 시민에게 강요하는 의무와 요구는 과거 어느 시대보다 적다. 그건 강제로 전쟁에 끌려 나가 조국을 위해 목숨을 바쳐야 했던 과거의 살인적인 의무만 떠올려 봐도 알 수 있다. 지금의 국가는 다르다. 나의 건강과 노후를 대비할 사회적인 틀을 제공할 뿐 아니라 내가 그 일을 잘해 나갈 수 있도록 힘껏 지원하기도 한다. 아동 교육 제도를 통해 누구나 알고 있듯이 시민의 의무는 줄어든 반면 국가의 돌봄과 대비 의무는 커짐으로써 국가와 시민의 관계는 근본적으로 변한다. 국가가 하는 일은 당연시되고, 개인의 자유로운 발현에 대한 시민적 요구는 높아지며, 그와 함께 불만과 부당함을 느끼는 임계점도 낮아진다. 키케로 시대와 달리 오늘날 미덕은 점점 개인적인 사안으로 변하면서 예절과 비슷한 것으로 느껴지고, 국가와 사회, 시민으로 이루어진 통일체 속의 적절한 행동 방식으로 여겨지지 않는다. 국가는 내게 더 이상 전쟁에서 용감하게 싸우라고 강요하지 않을뿐더러 내 요구를 순종적으로 절제하라고 강요하지도 않는다. 관청과 경찰, 교사도 더는 고압적인 권위를 앞세우지 않고, 그 때문에 시민은 프로이센 시대나 제3제국 치하 때와는 달리 그들을 두려워하지 않는다.

국가를 더 이상 두려워할 필요가 없다는 사실은 인류 역사상 엄청난 진보다. 그러나 국가에 대한 시민의 의무는 줄어든 반면에 시민에 대한 국가의 의무는 확대되면서 몇몇 유감스러운 결과가 생겨난다. 사람들은 이제 국가를 서비스 제공자로 보기 시작하고, 자기 자신은 언제나 최상의 서비스가 주어지기만 바라는 고객 또는 소비자로 여긴다. 만일 내가 기대한 대로 국가가 해주지 않으면 나는 국가와의 내면적 계약을 파기하고, 공동선의 의무를 내팽개친다. 그로써 일부 사람은 역사와 사회를 망각한 채 국가가 세금 납부 같은 의무를 시민에게 부과하는 행위를 파렴치하게 여긴다. 그러나 스스로를 〈자유로운 영혼〉이라 부르길 좋아하는 급진 자유주의자들은 이 대목에서 진지하게 고민해 보기 바란다. 세금만 없는 것이 아니라 경찰과 소방대, 공공 병원, 그리고 대학까지 실시되는 무상 교육이 없고, 거기다 가장 기본적인 수도와 전기도 공급되지 않는 나라에서 정말 살고 싶은지. 만일 그렇다고 한다면 예멘이나 아프가니스탄, 남수단, 소말리아, 중앙아프리카공화국 같은 나라가 그들에게 천국일 것이다.

이상적으로 단순화한 급진 자유주의는 급진 국가사회주의와 마찬가지로 역사적으로 이미 실패했다. 오늘날 그보다 월등하게 성공을 거둔 체제는 자유주의적 요소와 사회주의적 요소를 통합한 사회 형태다. 경제적으로는 사회적 시장 경제를 추진하고, 정치적으로는 돌봄 및 대비 국가를 추구하는 형태 말이다. 사회주의가 빠진 자유주의는 대다수 시민의 자유를 압살한다. 그건 자유주의 없는 사회주의도 마찬가지다. 따라서 오늘날 급진 자유주의는 오직 한 가지 형태로만 존재한다. 국가로부터 좋은 보살핌을 받는 시민들이 오히려 성을 내며 소아병적으로 반항하고, 고의로 공익의 의무를 저버리는 행위에 대한 저급한 근거로서 말이다. 한마디로 의심에 사로잡혀 공연히 투정이나 부리는 인간들의 사치스런 행동이다.

키케로의 예에서 분명히 드러나듯 고대의 모든 도덕에서 핵심 질문은 다음과 같다. 〈나는 어떤 사람이어야 하는가?〉 21세기 서구 사회에서 이 질문은 계속 뒤로 밀려난다. 고대 세계와는 달리 법이 사회의 가장 중요한 것들을 구체적으로 규정하는 체제에서 시민은 더 이상 자신의 미덕에 대해 성찰할 필요가 없다. 오늘날 사람들이 더 많은 관심을 드러내고, 더 많이 생각하는 것은 건강한 영양과 피트니스, 아름다움이다. 국가의 법과 개인의 탈도덕화는 동전의 양면처럼 보인다. 물론 현대의 법이 다양한 도덕적 성찰의 결과이자 결정이기는 하지만, 현대 국가에서 법의 배후에서 작용하던 도덕적 자극은 시간이 갈수록 보이지 않는다. 개인이 미덕에 신경 쓸 필요가 없어질수록 자유로운 삶을 보장하는 현대 국가의 촘촘한 도덕적 그물망도 점점 더 눈에 들어오지 않는다. 그러면 차가워진 법의 형태 속에서 우리 모두를 보호하던 도덕은 차츰 〈도덕적 설교〉라는 공포의 가면을 쓴 채 자신의 도덕적 신념만 맹신하는 광신자들의 비뚤어진 열정으로 나타난다.

앵글로색슨 계열의 공동체주의자 같은 영향력 있는 철학자들은 계몽과 법치 국가의 유감스러운 부작용으로 〈미덕의 상실〉을 지적하는데, 그에 대한 원인으로 철학적 실패 외에 다른 원인이 있다는 사실은 다음 장에서 살펴보겠다.[20] 아무튼 다행스럽게도 아직까지는 독일 사회의 주류 흐름으로 나타나지 않은 미덕의 상실이 자유민주주의 국가에 대한 근본적 비판으로 이어지는 것은 가능해 보인다. **정치적 올바름**으로 미덕을 강요하려는 무기력한 시도들이 이런 경향을 강화할지 모른다. 한편으로, 정치적으로 올바르지 않은 언어를 사용하는 사람들에게 올바름이라는 표현은 지상에서 사회주의 실현에 대한 믿음을 잃은 좌파의 도덕적 교육 프로그램처럼 보인다. 현실에서 더 나은 세계가 불가능하다면 적어도 언어에서라도 외견상 더 나은 세계를 구현하고 싶은 것이다. 그로써 좌파가 아닌 사람의 저항은 명백하다. 오랫동안 언어 관습보다 더 보수적인 것이 어디에 있단 말인가? 다른 한편으로, 그런 식의 언어 경찰이 아무리 도덕적인 동기에서 출발했다고 하더라도 실제로 잡지도 못하고 잡을 수도 없는 무형의 현상에 대해 무엇을 할 수 있단 말인가? 공격성이 없고 선입견도 없고, 거기다 페미니즘 측면에서도 깨끗이 정화된 언어로 미덕을 관철하려는 것은 줄자로 방사능을 측정하거나 공기 펌프로 바람의 방향을 바꾸려는 시도와 비슷하다.

코로나19 위기 상황에서 누군가의 도덕적 결정을 관찰할 때는 그 사람의 깨끗한 언어가 아닌 **입장과 태도**를 봐야 한다. 입장과 태도는 상황과 맥락을 통해 형성되고 다듬어진다. 이 사실을 알면 그들의 일상적·사회적·정치적 경험으로 시선을 돌릴 수밖에 없다. 사회 생활이 그들에게 많은 긍정적 반향을 제공하는가? 아니면 그들은 저항과 거부라는 부정적 행동으로 원하는 반향을 얻는가? 부정적 경험을 했을 때 심리적 내성은 얼마나 강한가? 불확실한 상황이나 변화에 얼마나 유연하게 반응하는가? 스트레스나 미지의 것과 맞닥뜨렸을 때 회복력은 얼마나 강한가? 미덕에 선행하는 이 모든 특성은 사람들이 새로운 도전에 직면했을 때 끊임없이 거부로 대처함으로써 결국 망상의 세계로 도주하는 것을 막아 준다. 삶과 주변 사람들에 대한 굳건한 긍정적 태도가 강화될 것인지, 그런 태도가 공감 또는 의심에 의해 지배당할 것인지는 무엇보다 사회적 관계의 문제다. 긍정적인 생각을 갖고 사는 사람들과 더 많이 교류할수록 우리 자신도 점점 긍정적으로 변하고, 좌절한 사람이 좌절한 사람들과 더 많이 만날수록 시기와 분노, 증오 같은 공격성은 더욱 커진다.

특이하게도 코로나19의 존재를 부인하는 이들 중에는 중환자 병동에서 근무하는 사람이 드물다. 또한 정부가 늘 나쁜 일만 은밀하게 꾸미고 있다고 의심하는 사람 중에도 주변의 나이 든 이웃이나 약자를 도와주는 이는 찾아보기 힘들다. 타인의 고통과 곤궁을 따스하게 바라보는 시선과 타인을 도움으로써 경험하는 자기 효능감은 지나치게 어리석은 의심들에 면역력을 형성해 준다. 알다시피 존재는 의식을 규정한다. 나의 존재는 내가 타인들과 접촉하고 협력하면서 경험하는 것에 의해 규정된다. 반면에 무관심과 사회적 소외는 무조건적인 〈반대〉에서만 유대감을 경험하는 자기만의 좁은 우주에 갇히게 한다. 미덕은 키케로가 생각한 것보다 훨씬 더 밀접하게 스스로 경험한 자기 효능감과 연결되어 있다.

오늘날 우리는 자신과 타인, 국가에 대한 의무 수행이 추상적 인식과 상황적 영리함의 문제만이 아니라 무엇보다 실질적인 삶의 문제라는 것을 안다. 그렇다면 반항에 굶주린 공격성을 막는 최선의 수단으로서 자기 효능감은 현대 국가에서 어떻게 촉진될 수 있을까? 그것도 늘 그와는 반대로 움직이는 오늘날의 경제 시스템, 그러니까 끊임없이 이기심만 키우는 경제 시스템 아래에서 말이다.

5
탈의무에 대하여

〈**세속화된 자유주의 국가는 자신이 보장할 수 없는 전제들로 지탱된다.** 이는 국가가 자유를 위해 내건 큰 모험이다. 자유주의 국가는 한편으론 자신이 시민에게 보장한 자유가 내적으로, 그러니까 개인의 도덕적 실체와 사회적 동질성을 통해 적절히 조절될 때에만 존속할 수 있다. 다른 한편으로 국가는 이런 내적 조절력을 자기 입장에서, 다시 말해 법적 강요와 권위적 명령이라는 수단을 통해 보장하지 않을 수도 있다. 물론 국가의 자유주의적 정체성을 포기하지 않고, 과거의 종교적 내전을 통해 빠져나온 전체주의적 통치로 되돌아가지 않으면서 말이다.〉[21] 법철학자이자 나중에 헌법재판관이 된 에른스트 볼프강 뵈켄푀르데가 1967년에 쓴 유명한 글이다. 이후에도 그는 비슷한 말을 자주 반복한다. 즉, 자유민주주의 국가는 시민들이 도덕적으로 행동하고, 국가의 가치를 자발적으로 공유함으로써 유지된다는 것이다. 오늘날 국가의 가치는 과거의 국교나 다른 권위적 규정이 했던 것과는 달리 더는 시민들에게 강제로 주입될 수 없기 때문이다.

이는 완전히 새로운 생각은 아니다. 청년 카를 마르크스도 1843년 『유대인 문제*Zur Judenfrage*』에서 종교가 물러난 뒤 국가를 지탱하는 것이 무엇인지 깊이 숙고했다. 시민 사회는 겉으론 인권을 내세우면서도 그 중심에는 인간애가 아닌 소유에 대한 탐욕만이 존재하기에 결국 해체되고 말 것인가? 아니면 마지막에 가서 〈현실적 개인이 자기 속의 추상적 시민을 몰아내고〉, 매우 구체적인 책임감과 함께 〈사회적 힘을 정치적 힘의 형태 속에서 자신과 분리시키지 않는〉[22] 도약이 이루어질까? 도덕적으로 책임감이 있는 인간과 해방된 국가의 참여적 시민이 하나로 통합되는 것, 이 꿈은 현실적인가, 무모한 환상인가?

여기서 말할 수 있는 최소한의 것은 세속적 자유주의 국가를 포함해 모든 국가는 시민이 국가의 일원으로서 자기 의무를 〈원활하게 수행하는 것〉에 의지한다는 사실이다. 국민은 세금을 납부해야 하고, 법과 경찰, 국가의 지시를 존중할 준비가 되어 있어야 한다. 물론 마르크스가 이론적으로 내세운 시민의 모습과 완전히 똑같을 필요는 없지만, 현대 시민은 원칙적으로 공적 기관으로서 국가를 존중해야 한다. 단, 자유민주주의 국가가 자신의 원칙을 허물고, 헌법을 무력화시키거나 반인륜적 범죄를 저지르지만 않는다면 말이다. 앞서 보았듯이 코로나19 팬데믹에 대한 보건 조치는 당연히 그에 해당되지 않는다. 시민의 건강을 보호하기 위해 아무 일도 하지 않는 것이 오히려 현대적 국가의 자기 이해에 모순된다. 국가는 국민의 건강과 관련해서 법적으로 가능한 모든 수단을 강구해야 한다.

따라서 국민으로의 역할을 다한다는 것은 자유민주주의적 근본 질서의 테두리 안에서 서로 예의 있게 행동한다는 것을 의미한다. 국가 역시 개인이 자신의 권리를 멋대로 해석하지 않고 자신의 의무를 등한시하지 않을 때 유지된다. 국가에 대한 정당방위적 상황은 절대 자의적으로 해석되어서는 안 된다. 그건 국가의 보건 의무에 대한 무지가 사람들을 잘못된 방향으로 이끄는 것만 봐도 알 수 있다.

약자 보호를 위한 국가의 보건 조치에 노골적으로 불평을 늘어놓고 과도하게 저항하는 사람들을 보고 있자면 뵈켄푀르데가 국가 운영에 필수적이라고 했던 〈개인의 도덕적 실체〉는 오늘날 상황이 그다지 좋아 보이지 않는다. 게다가 모든 시민에게 해당되는 이야기는 아니지만 독일이 현재 경제적으로 퍽 행복한 시기에 있다는 사실도 작금의 상황 판단에서는 간과할 수 없다. 경제적 번영의 시기에도 〈개인의 도덕적 실체〉가 좋지 않다면 앞으로 상황이 훨씬 안 좋아질 때는 어떤 일이 벌어질까? 알려진 것처럼 독일 경제와 중추 산업에 대한 전망은 최상을 예상하기 어렵다. 또한 미래의 디지털 변혁기는 독일 통일의 변혁기에 동독 주민이 치른 것보다 훨씬 더 큰 희생을 요구할지 모른다.

독일에서 전체적으로 도덕이 쇠퇴하는지, 상승하고 있는지는 뜨거운 논쟁거리다. 한편에는 수세대 전부터 의무감과 신의, 공동체 의식, 노동 윤리, 도덕, 예절이 지속적으로 쇠퇴하고 있다는 감정이 존재한다. 그런데 틈만 나면 죽었다고 하는 것들이 지금도 어떤 형태로든 여전히 살아 있는 걸 보면 놀라울 따름이다. 100년도 전부터 서서히 죽어 가는 것이었다면 그사이 완전히 사라졌어야 정상일 텐데 말이다. 문화 비관주의는 시대나 미래 예측보다 연령과 개인의 미래 기대와 관련이 깊을 때가 많아 보인다. 〈가치의 몰락〉은 그게 실제로 존재한다면 대개 다른 가치의 상승과 맞물려 있다. 예를 들어 오늘날 젊은 세대의 노동 윤리를 한탄하는 사람이 많다. 그들에게 그것은 가치 몰락의 여러 단서들 가운데 대표적인 예다. 하지만 그런 의심을 받는 세대는 아마 이렇게 대꾸할 것이다. 복지 사회에서의 노동은 더 이상 농업 사회나 산업 사회에서 노동이 누리던 가치를 갖고 있지 않다고! 대신 그들에게는 새로운 가치, 즉 일과 삶의 균형이라는 워라밸의 가치가 더 중요해졌다. 젊은 남자들은 좋은 아빠로서 아이들을 충분히 보살피는 시간을 중시하는데, 이것은 예전에는 없던 가치다. 따라서 적어도 몇몇 분야에서는 가치 몰락이 아니라 새로운 가치들의 경쟁이 일어난다. 오늘날의 젊은이들은 증조부모 세대보다 더 많은 가치를 갖고 있다. 물론 서로 가볍게 경쟁하는 가치들이다. 아무튼 건강한 영양과 피트니스, 아름다움, 좋은 부모, 다양한 교우 관계의 가치를 자신의 직업과 조화시키는 것은 쉽지 않을 때가 많아 보인다.

〈개인의 도덕적 실체〉가 잘못된 방향으로 나아가고 있음을 지적하려고 가치의 집단적 몰락을 상정하거나, 한 세대를 그에 대한 주범으로 낙인 찍을 필요는 없다. 종교와 권위 대신 건전한 상식과 사회적 행동, 공통의 관심, 일상적 활동으로 지탱되는 사회는 작은 변화와 분위기 전환에도 극도로 예민하게 반응한다. 다시 말해 비교적 사소한 변화나 당혹스러움조차 놀라울 만큼 큰 진동을 야기한다는 것이다. 종교도 그렇지만 〈민족〉도 21세기 글로벌 경제에는 더 이상 어울리지 않아 보인다. 민족주의는 대개 민족적 상황이 좋지 않을 때 생기고, 종교적 근본주의는 대부분 종교적 토대가 요동칠 때 나타난다. 그렇지 않으면 민족주의나 종교적 근본주의는 설 땅이 없다.

서구 산업 사회에서도 정체성 상실에 대한 불안은 거칠고 비합리적인 포퓰리즘과 포퓰리스트를 만들어 낸다. 이것은 지난 수년간 숱하게 강조된 이야기다. 그런데 〈개인의 도덕적 실체〉가 문화적 세계화 과정, 젠더 논쟁, 소수자 권리, 난민 위기 때문에 희미해졌다는 주장은 별로 개연성이 없다. 이런 논쟁들에서 격하게 분출되는 분노는 그전에 이미 다른 무언가에 의해 쌓여 있던 것이 아닐까? 오늘날 많은 서구 국가에서 위험에 처해 있다고 평가되고 포퓰리스트들이 자주 부르짖는 공통의 역사와 문화는 사실 성전환자, 난민, 여성 권리, 정치적 올바름, 기후 보호 같은 것들로 없어진 것이 아니다. 그건 경제적 세계화와 금융 산업의 승승장구, 성과 사회의 변화와 밀접하게 결부되어 있다. 오늘날 완전히 간과되고 있는 성과 사회의 변화는 출세의 기회를 줄이고, 소유 관계를 고착화하고, 경제적 승리자를 다른 모든 사람에게서 점점 멀어지게 한다. 경제가 지배권을 행사하는 사회에서는 **성과**가 아닌 **성공**이 주목표가 된다. 성실한 노동으로 가능성이 점점 희박해지는 장기적 성공을 거두기보다 오디션 프로그램이나 유명인들과 함께하는 모델 쇼, 속임수 쇼를 통해 단기간에 주목을 받는 것이 젊은 사람들에게는 더 매력적으로 비친다. 오늘날 독일에서는 창업보다 확장된 마약 경제나 도박, 수상쩍은 사업, 사기로 부자가 된 사람이 더 많은 듯하다.

빨리 돈을 벌고 싶은 욕망과 사회적 신분 상승의 기회 축소가 〈독일인의 성실함〉 같은 공통의 정체성을 북돋우는 이야기들에 대한 믿음을 빠르게 무너뜨린다. 아울러 그것은 사람들을 더더욱 음모론으로 끌어들인다. 음모론자들의 은밀한 모닥불가가 아니라면 자신이 어디서 아무런 노력 없이 선택받고, 똑똑하고 무언가 특별한 존재라고 여길 수 있겠는가? 음모론은 불안과 혼동에 빠진 성과 사회의 결과다. 음모론자들과 함께하면 최소한 자신이 지식 엘리트의 일원이 된 것 같은 느낌을 받을 수 있다. 기존의 확고한 엘리트들을 위선자로 낱낱이 까발리는 (반대편) 엘리트들에게는 설득력이나 개연성 같은 건 문제가 되지 않는다. 중요한 건 자신에게 엘리트 감정이 든다는 것이다. 심지어 오늘날에는 일부 분노한 연금 생활자와 사회 복지 기금 수급자도 더는 그런 감정 없이는 지내려 하지 않는다.

사회적 신분 이동의 기회가 줄고, 사회적 신분이 상속을 통해 더욱 공고해지고, 〈성과〉가 〈성공〉으로 대체됨으로써 성과 사회의 토대는 서서히 무너진다. 그와 함께 시민 사회의 연대도 험난한 시련에 직면한다. 사람들이 모이고 부대끼던 공공의 장소들, 특히 중소 도시의 중심지는 상점과 식당의 폐쇄로 위기에 빠지고, 대신 점점 더 많은 사람이 가상 세계의 반향실을 찾는다. 하지만 그렇다고 공동체 의식의 문제는 개선되지 않는다. 동시대인들에 대한 불신은 대체로 진정한 반향의 결핍을 먹고 자란다. 반향의 결핍은 인정의 갈망을 대체하지 못한다. 포르노그래피가 충만한 성생활을 대체하지 못하듯이. 민감성과 불관용도 반향의 결핍에서 생기는데, 이것들과 짝을 이루는 것이 앞서 언급한 분노다.

국가와 공동선에 흥분하고 분노하는 사람들이 의무를 벗어던지는 데는 정체성 상실의 감정만이 동기가 아니다. 분노의 본질적인 동기는 결국 경제다. 성과 사회의 침식도 그 한 측면에 지나지 않는다. 근본적인 문제는 더 뿌리 깊어 보인다. 즉, 우리가 자유 자본주의적 민주주의라고 부르는, 서로 충돌하는 여러 힘들의 복잡한 구조에 그 뿌리가 있다. 독일인들은 연방 공화국의 설립 이후 자본주의의 완화된 형태인 사회적 시장 경제와 자유민주주의가 늘 서로 완벽하게 어울리는 쌍이라고 생각해 왔다. 게다가 경제 기적의 성공사와 끊임없는 복지 증가가 그것을 인상적으로 증명해 주는 듯했다. 하지만 현재 점점 더 뚜렷해지고 있듯이 무한 경쟁과 공동선, 시장의 자유와 기회의 균등, 도태와 보상이라는 서로 충돌하는 힘들은 탁월한 지휘자나 감독 없이는 상시적인 균형을 맞추기 어렵다. 더구나 이 까다로운 앙상블은 쉴 새 없이 변동하는 세계 경제의 힘들에 대한 현명한 대처와 우연히 주어진 유리한 상황을 통해서만 유지될 수 있다.

뵈켄푀르데 역시 세속화된 자유주의 국가에 대한 유명한 글을 쓴 지 40년이 지나서야 우리 민주주의의 위협이 종교적 의무의 부재에 있다기보다 무엇보다 뿌리째 흔들리는 우리 경제 체제에 있다는 사실을 깨달았다. 2007년에 발표한 그의 논문 「자본주의를 병들게 하는 것Woran der Kapitalismus krankt」은 자본주의 경제의 〈비인 간적 성격〉을 가차 없이 비판한다. 국가뿐 아니라 자유로운 사회적 시장 경제도 스스로 보장할 수 없는 전제들로 움직인다는 것이다. 같은 맥락에서 프라이부르크 학파의 대표 사상가 빌헬름 뢰프케도 시장을 이미 〈도덕 파괴자〉라고 표현한 바 있다. 개인의 이익 추구와 시장의 냉정한 합리성이 필연적으로 만인의 행복, 아니 최소한 다수의 행복을 가져오리라는 이념은 이데올로기적 사기다. 사회적 가치와 미덕이라는 전제 없이는, 그리고 공정성과 신뢰라는 최소한의 기준이 없이는 시장 경제의 축복이 많은 사람에게 내리는 일은 결코 생기지 않고,

오히려 그 체제는 헛돌기만 할 뿐이다. 2007~2008년의 금융 위기에서 분명히 드러났듯이.

민주적 시민 의식과 자본주의적으로 배양된 이기심이 단순히 보완 관계가 아니라 서로 충돌하는 힘이라는 사실은 새로운 생각이 아니다. 시민 민주주의의 태동기에 이미 그렇게 생각한 인물이 있었다. 프랑스의 정치학자이자 역사가 알렉시스 드 토크빌이다. 1831~1832년 이 젊은 귀족은 국가 시스템이 당시 유일하게 민주주의적으로 돌아가던 미국을 여행했다. 사회적 **풍속**, 즉 주민들의 심리와 성향, 사고를 파악하는 능력이 뛰어난 사람이었다. 그는 이런 예리한 촉수로 미국 사회를 날카롭게, 심지어 가끔은 선견지명에 가까울 정도로 정확하게 해부했다.[23] 그 결과 미국인들이 유럽의 귀족 사회보다 좀 더 자기 책임감을 갖고 행동하고, 민주 제도와 기관을 조직화하고, 자의적 권력 대신 법을 앞세우고, 법적 평등이 다양한 형태의 새로운 사회적 교환을 촉진하는 현상을 무척 긍정적으로 판단했다.

물론 전체적으로는 어두운 면도 있었다. 토크빌은 1830년대에 이런 의문을 던진다. 민주주의 체제에서 돈이 최고의 가치이자 자기 목적이 되고, 그로써 귀족

사회가 무엇보다 중시하는 신분과 명예의 자리를 대체
한다면 무슨 일이 일어날까? 그의 답은 명확하다. 〈민주
주의 사회에 사는 사람들은 열정이 많다. 그러나 열정
의 대부분은 부에 대한 사랑으로 향하거나, 아니면 부
에 대한 사랑에서 열정이 나온다. 그건 미국인이 우리
보다 저급해서가 아니라 돈이 정말 중요해서다.〉[24] 돈에
대한 영구적인 집착이야말로 미국 사회의 본질적 특징
이고, 토크빌이 일찍이 깨달은 것처럼 모든 미래 자본
주의의 본질이다. 물질적 탐욕은 사회적 욕망이 된다.
걷잡을 수 없는 소비욕은 한편으론 사람들의 〈마음을
불안에 떨게 하고〉, 다른 한편으론 〈인간 실존에 질서〉
를 부여한다.[25]

최고의 가치이자 가치 척도로서의 돈은 세상을 민주
화한다. 돈 앞에서는 예부터 내려오는 인간 사이의 모
든 구분과 차이가 부수적인 문제로 변하기 때문이다.
동시에 돈은 삶에 구조를 부여한다. 세상 만물이 돈의
〈많음〉(좋음)과 〈적음〉(나쁨)의 기준에 따라 정리되기
때문이다. 다른 한편, 토크빌이 시민 민주주의의 요람
상태에서 벌써 딜레마로 인식한 것처럼 돈은 인간을 물
질적인 것에 집착하게 하고 공동선에는 별로 신경을 쓰

지 않게 만든다. 부가 증가할수록 사람은 비정치적이 된다. 소비욕이 삶을 더 강하게 지배할수록 시민의 정치 의식은 희미해진다. 자유민주주의 국가의 토대를 이루는 것이 바로 시민의 정치 의식이다. 개인주의가 이기주의의 형태로만 표출되는 나라는 불안정하고 무너지기 쉽다. 그 때문에 〈토크빌 효과〉(자기 자신에 대한 믿음이 사라지면 정치 체제도 무너진다) 및 〈토크빌 역설〉(사회가 도덕적으로 진보할수록 도덕적 척도는 더 엄격해진다)과 함께 세 번째 메커니즘도 언급되어야 한다. 바로 **토크빌 딜레마**다. 이것의 핵심은 시민이 경제적 이익에만 매몰될수록 사회는 더 병든다는 것이다. 자유와 관련해서 연방제 구조가 인간에게 선사한 긍정적인 요소들은 비천한 물질적 탐욕과 정치적 무관심에 다시 잡아먹힌다. 시민은 소비자로 변하고, 공동체 의식 대신 이기심이 지배한다. 시민이 공동체 의식에서 멀어지면 결과는 분명하다. 시민이 국가를 통치하는 것이 아니라 경제와 전제적 행정 당국이 시민을 지배하게 된다.

기능적 논리에 따르면 자본주의는 두 가지 목표밖에 없다. 이윤을 늘리고 자본과 재산을 보호하는 것이다.

따라서 자본주의의 대변자들은 문화적 고유성과 종교, 국경, 민족, 전통에 대한 일체의 고려 없이 가능한 한 무제한적인 자유 시장을 만드는 일에 전력한다. 이때 사유 재산에 대한 보호는 무엇보다 확실히 보장되어야 한다. 재산에는 원료와 자원, 돈, 그리고 창의적 아이디어까지 무척 많은 것들이 포함된다. 이런 논리에서 보면 총매출과 이익의 증가는 원칙적으로 좋은 일이고, 자본주의의 내적 법칙은 점점 더 빨리, 더 높이, 더 멀리, 더 많이를 추구하도록 몰아붙인다. 이런 구조에 합당한 속성은 이기주의다. 이것은 모든 시장 참여자로 하여금 남들과 명확하게 선을 긋게 하고, 시장 참여자의 힘을 강화하고, 성장을 촉진한다.

경제적인 측면에서 보면 이는 논리적이다. 그러나 현실을 살아가는 사람들의 세계는 그런 논리로만 이루어진 것이 아니다. 거기엔 완전히 다른 욕구들의 심리학이 존재한다. 예를 들어 돈으로 환산할 수 없는 인정과 사랑에 대한 욕구, 우정과 조화로운 사회 생활에 대한 욕구, 바람직한 사회에 대한 욕구, 사람을 인적 자원이 아닌 온전한 개인으로 존중하는 국가에 대한 욕구 같은 것들이다. 이 모든 것이야말로 자유민주주의 국가를 지속적으로 온전하게 돌아가게 하고, 삶의 참다운 성공을 가능하게 하는 전제 조건이다.

하지만 안타깝게도 늦어도 공산주의와의 체제 경쟁이 끝난 이후 세계에 대한 지배권을 점점 확장해 나간 것은 자본주의적 사고였다. 그것도 단순히 지리적 영토만 확장한 것이 아니라 개인의 내면에까지 깊숙이 스며들었다. 자본주의적 사고는 우리의 공동 생활 속으로 깊이 파고들었고, 규제 철폐와 새로운 형태의 관심 경제를 통해 우리의 영혼을 먹어 치웠다. 사람들은 인스타그램이나 틱톡 같은 소셜 미디어에서 기꺼이 스스로를 상품화하고, 인터넷에 올리는 자신의 흔적으로 스스로를 이윤의 대상으로 만들고, 디지털 기업의 착취에 거의 무제한적으로 자신을 노출시킨다. 이 새로운 관심 자본주의는 19세기의 맨체스터 자본주의처럼 노골적으로 잔인하거나 비인간적이지는 않다. 다만 이번에는 정보의 형태로 인간을 무제한적으로 장악하는데, 최소한 인간을 상업적으로 이용하는 면에서는 그때나 지금이나 아주 철저하다.

체제 경쟁에서 더 이상 상대가 없어진 고삐 풀린 자본주의는 우리의 속옷에만 상표를 새겨 넣는 것이 아니라 우리의 섬세한 의식에까지 침투해서 우리가 시민임을 지워 버리고, 우리를 소비자로 만들어 버린다. 우리는 가격을 고민하고 요금을 비교하는 데 점점 더 많은 시간을 쓴다. 타인의 희생으로 이익을 얻기 위해서다. 인터넷의 부상과 함께 가격은 급변한다. 가격은 초 단위로 이루어지는 공급과 수요의 게임으로 바뀌었고, 웬만큼 양식 있는 사람이라면 자신이 사용자로서 우롱당하고 있음을 안다. 이런 시스템의 메커니즘은 분명하다. 끊임없이 가격을 비교하면서 저렴한 상품을 구입할 수 있는 사람이 그렇게 할 수 없거나 하지 않는 사람에게 손해를 떠넘김으로써 이득을 본다. 대다수 항공사 같은 민간 기업만 그러는 것이 아니라 철도 같은 공기업도 서슴지 않고 이런 식으로 가격과 요금을 조종한다. 티켓을 저렴하게 구매하는 방법을 모르는 사람들, 가령 나이가 많거나 그에 신경 쓸 시간과 여유가 없는 사람은 당연히 손해를 본다. 예전에는 같은 등급의 기차 객석에 탄 사람은 모두 동일한 요금을 지불했다면 (어린이, 장애인, 경로 우대는 예외다) 오늘날에는 가격 측면에서 보면 기차 승객은 모두 비연대-공동체다. 즉, 저렴하게 여행하는 사람은 결국 타인의 비용으로 그렇게 하는 셈이다. 심지어 그것도 모르고 저렴한 표를 샀다고 자랑스러워하는 사람이 많다. 이처럼 탄력적인 가격 정책은 값싼 물건을 찾아 떠돌아다니는 사람을 양성할 뿐 아니라 패배자가 되지 않으려면 끊임없이 이익을 탐하도록 모든 사람을 몰아붙인다.

이것은 신뢰의 생성을 막는다. 책략과 약삭빠름이 아니라 기업에 대한 충성심이 보상을 받던 시대에 살았던 나이 든 시민은 더 이상 세상을 이해하지 못한다. 사기꾼의 품성이 상을 받고, 성실함과 지조는 벌을 받는다. 가격과 요금의 무한한 유연화는 판도라의 상자를 열었고, 시기와 질투, 의심, 불신을 우리 경제 깊숙이 심어놓았다. 가격상의 이득은 능력보다 요령에 따른 것으로 지속적인 불신과 불공정의 감정을 낳는다.

가격과 요금에서 시작해서 거의 모든 경제 영역과 우리 전체 삶으로까지 파고든 신뢰성의 종말은 민주 사회의 가장 어울리지 않는 요소다. 그런데 자신을 먼저 생각하고 타인을 무시하는 상황은 이미 오래전부터 진행되어 왔다. 타인보다 더 큰 이득을 취하라고 매일 교육을 받는 사람은 올바른 시민 의식을 가질 수 없다. 게다가 천문학적인 돈을 쏟아붓는 광고비는 그렇지 않아도 흔들리는 우리의 가치 체계에 폭격을 가한다. 아동기에 형성된 도덕성, 대부분 보일 듯 말 듯 남아 있는 종교성, 학창 시절에 배운 민주주의에 대한 약간의 이해에 가하는 폭격이다. 이는 상대가 안 되는 싸움이다. 오늘날에는 자신의 〈프리미엄〉 요금이 남들에게 정말 공정한 일인지, 그런 가격상의 특혜가 충분히 인정할 만한 성과에 따른 것인지 묻는 사람이 없다.

가격 자체의 상품화는 성과 사회에 대한 타격에만 그치지 않는다. 그건 일상의 얼굴이자 명백한 삶의 현실이 되었다. 그런 현실에 대해 도덕 철학자들은 그저 무기력하게 글로만 저항할 수 있을 뿐이다. 성과 사회를 대체한 **이익 우선 사회**는 성실, 공정, 신뢰성 같은 시민 계급의 중심 가치를 비웃는다. 경제 심리학이 인상적으로 증명했듯이 돈과 관련해서 인간은 멍청하다기보다 사악한 존재에 가깝기에 거의 모든 사람이 이 게임에 동참한다. 스스로 정말 좋아서 하건, 아니면 속으로 이를 갈면서 하건 간에 말이다.[26] 아무튼 이때 우리의 영혼은 대부분 잠재적으로 신경이 곤두서 있고, 넌더리를 치면서도 동시에 잔뜩 고무되어 있다. 이게 우리 경제의 목적이다. 항상 만족해하는 소비자가 아니라 금방 불만족스러워하는 소비자를 만드는 게 목표다. 그렇다면 수많은 사람이 정치에 대해 넌더리를 치는 동시에 민감하게 반응하는 것도 그리 이상한 일이 아니다. 그건 시민 의식의 고양에 도움이 되지 않는다. 과소비 사회와 민주주의는 자연적인 동맹이 아니라 어쩌면 일시적인 파트너에 지나지 않을지 모른다.

국민으로서 탈의무와 비연대적 행동은 그런 성향을 가진 사람들의 개인 심리학으로만 해석하기에는 뿌리가 훨씬 깊다. 게다가 앞 장에서 기술한 것처럼, 관료주의적 속박, 공공 장소에서의 공격성 표출 금지, 그리고 정치적 올바름의 불편한 강요에 반발하는 과민성만으로도 설명되지 않는다. 탈의무의 가장 깊은 뿌리는 멍청한 인간이 되지 않으려면 타인에 대한 의무를 내팽개치라고 끝없이 가르치는 변화된 우리 경제다. 코로나19 상황에서 자유와 저항의 이름으로 탈의무를 선동하는 소셜 네트워크의 토론 광장과 영상은 현저히 과대평가된 반면에 탈의무의 보편적인 태도를 촉진하는 요인으로서 우리 경제는 상당히 과소평가되어 있다. 나쁜 주류, 즉 타인의 생명을 걱정하는 사람들을 향한 이 영웅적인 투쟁에서 저항자를 자처하는 인간들의 폭력은 비연대의 증상이지 원인이 아니다.

이런 일반적 분석보다 탈의무의 원인을 좀 더 적절히 설명해 주는 것은 토크빌의 딜레마다. 즉, 자본주의적 이기심이 무한정 장려되고 시민적 연대 의식이 소홀히 취급받을수록 둘의 거리는 점점 멀어진다는 것이다. 이는 좌파의 고전적 논거와도 맞아떨어진다. 서구 사회에서 스스로 의무를 벗어던지는 사람은 주로 사회적 약자들이다. 왜냐하면 그들은 오늘날 경제적으로 점점 소외되고 있기 때문이다. 스스로를 사회의 정당한 일원으로 느끼지 못하는 사람은 의무도 없다고 생각한다. 그러나 많은 서구 사회에서 사회적 신분 이동의 기회가 사라지는 것과 함께 경제적 소외 계층이 늘어난다는 말이 맞는다고 해도 코로나19 팬데믹 상황에서 연대와 의무를 벗어던진 사람이 주로 사회적 약자라는 증거는 부족하다.

코로나 저항은 대개 남성적인 성향일 수 있지만 특정 소득 그룹에 한정된 현상은 아니다. 이것은 모든 사회 계층에서 동시적으로 발견된다. 만일 사람들이 일상적으로 시민보다 수백 배는 더 자주 소비자라고 불린다면, 그리고 타인을 짓밟고 이익을 취하는 행위는 끊임없이 보상받고 타인에 대한 배려는 오히려 간접적으로 벌을 받는다면 사람들의 전반적인 탈의무 경향은 놀랄 일이 아니다. 오히려 독일에서 아직도 그렇게 많은 사람이 예의와 배려 같은 가치를 계속 실천하고 있는 것이 더 놀라울 수 있다. 사실 정상적인 사회적 교류 법칙에 반하는 위반을 규칙이 아니라 예외로 간주하는 사람은 여전히 많다. 문제는 그런 사람들이 앞으로 얼마나 더 버틸 수 있느냐이다. 왜냐하면 탈의무를 촉진하는 강력한 동력이 존재하기 때문이다. 만일 다수가 민주주의 국가의 원활한 기능에 필수적인 규칙을 지키지 않는다면 나머지 소수도 더는 지키려고 하지 않을 것이다. 그로써 타인에 대한 기대는 올라가고 자신에 대한 도덕적 기대는 내려간다. 바가지를 쓰는 바보가 되기보다 차라리 자신의 도덕성을 던져 버리는 것이 경제 심리학적 원칙에 맞다.

토크빌의 딜레마는 시장 경제의 원칙으로 굴러가는 사회로서는 도저히 떼어내지 못할 낙인일까? 우리는 앞으로도 계속 의심과 불신이 터보 자본주의*의 일반적

* turbo capitalism. 약탈적 자본주의라고도 불리는데, 오직 이윤 극대화만을 위해 시장 경제의 무한한 자유를 터보 엔진처럼 강력하게 밀어붙이는 경멸적인 정치 용어다.

태도로 자리 잡고, 시민 의식과 공동체 정신이 서서히 사라지는 사회에 살아야 할까? 아니면 탈의무의 경향을 하늘의 비처럼 그냥 맞지 않기 위해 무언가 대응할 수단이 있는 것일까?

6
사회적 의무 복무

공급과 수요의 감탄할 만한 메커니즘으로 돌아가는
시장 경제의 최종 운명은 〈공급과 수요의 원칙과 상관
없는 영역〉[27]에서 결정된다. 자유민주주의 국가는 개인
적 이익 추구라는 시장 경제의 〈개인주의적 원칙〉과 주
도면밀한 〈사회 원칙 및 인간애 원칙〉이 균형을 이룰 때
만 성공할 수 있다. 빌헬름 뢰프케도 이전의 토크빌이
나 이후의 뵈켄푀르데와 마찬가지로 자유민주주의 사
회가 유지되려면 자기 규율, 정의감, 공정성, 절제력, 공
동체 의식이라는 미덕이 꼭 필요하다는 사실을 알고 있
었다. 그러나 공산주의와의 체제 경쟁에서 도덕군자연
하는 국가는 물론이고 무자비하게 밀어붙이는 자본주
의도 믿지 않았던 그 역시 자본주의 경제의 사회적 원
심력에 대처할 만한 마땅한 방법은 떠올리지 못했다.

실제 상황은 복잡하다. 독일처럼 시장 경제에 기반한 경제 시스템에서 인상적인 부의 증가는 사회를 안정시킨다. 그건 경제적으로 덜 성공한 나라들과 비교해도 분명히 드러난다. 부는 시민 사회의 확립을 방해하는 최악의 전제 조건이 아니다. 다른 많은 나라들과 비교해 보면 독일에는 실제로 그런 시민 사회가 존재한다. 그러나 시민 사회의 기능은 극도로 민감한 사안이고, 비교적 사소한 충격도 엄청난 동요를 불러일으킨다. 코로나19 팬데믹 상황처럼 일상적인 관계가 방해받고 익숙한 공감의 경험이 사라지면 자제력과 방어 본능은 강화된다. **사회적 거리두기**는 순수 공간적인 현상만이 아니라 개인 심리학과 사회 심리학적 현상이기도 하다. 거리를 두면 많은 것들이 거리감을 두고 관찰된다. 물론 그런 거리는 남들을 감염시키지 않으려는 걱정과 배려일 수 있다. 그러나 다른 한편으로 그것은 기존의 공감 부족을 촉진할 수도 있다. 우리의 삶이, 최악의 경우 우리 목숨이 남의 행동이나 운명과 얼마나 깊이 연결되어 있는지를 깨닫는 것은 자신을 어떤 것에도 구속되지 않은 독립적 인간으로 과대평가하는 급진적 자유주의 성향의 사람에게는 기대하기 어려운 요구다. 그런 사람은 자신의 이기주의와 무배려가 이 위기에 도움이 되지 않고, 자신에게는 없는 다른 품성, 즉 타인에 대한 공감과 양보심이 중요하다는 사실을 경험하기 어렵다.

그렇다면 코로나19 팬데믹 상황에서 뢰프케의 〈개인주의적 원칙〉은 〈사회 원칙 및 인간애 원칙〉을 위해 일시적으로 유예되어야 한다. 이러한 태도 변화는 이전의 일부 조처조차 과도한 것으로 느끼는 사람들에게는 너무나 부당한 요구로 다가온다. 이는 우리 속에 이미 이익 우선 사회의 특징이 깊이 뿌리 내려 있다는 증거다. 이 대목에서 뢰프케가 답을 찾지 못한 물음이 다시 제기된다. 장기적으로 우리 배의 항로 이탈을 막을 바람은 어디서 불어 와야 할까?

터보 자본주의와 〈시민을 우롱하는〉 지극히 탄력적인 가격 체계를 손보고, 내밀한 개인의 심리까지 침투한 자본주의적 사고를 바꾸는 것은 아무리 바람직할지라도 현실성이 없어 보인다. 그것을 정치적 목표로 삼는 것은 정치인에게는 너무 버거운 과제임이 분명하다. 전 세계에서 거세게 몰아치는 회오리 폭풍을 누가 용기 있게 막아설 수 있겠는가? 이런 상황에서 남은 방법은 하나다. (잘못된) 자본주의적 경제 특성이 가장 뚜렷이 드러나는 곳에서부터 방향을 거꾸로 돌리는 것이다. 즉, 의무를 내팽개치고 돌봄 및 대비 국가의 역할을 무시하는 곳에서부터 말이다.

몇 년 전 나는 사람들의 내적 자세, 즉 시민 의식과 공동체 정신을 강화하기 위해 처음으로 우리 사회에 한 가지 제안을 했다. 2011년 독일에서 합리적인 대안 없이 병역 의무만 서둘러 폐지한 것에 당혹스러워하며 전 국민에게 2년 동안 사회 봉사 의무를 도입하자고 제안한 것이다. 일단 고등학교를 졸업하면 1년 동안 사회적 봉사 의무를 수행하고, 나중에 은퇴했을 때 나머지 1년을 마저 채우자는 것이 골자였다. 다만 이 연령대의 사람들은 너무 힘들게 일하는 것이 체력적으로 무리일 수 있기 때문에 **일주일에 15시간**으로 제한하자고 했다. 구체적으로 사흘 동안 한나절씩 일하자는 것이다.

덧붙이자면 이는 여기서 언급한 것처럼 정확히 하나의 제안일 뿐이다! 그런데 뭔가 늘 주목받고 싶어 하는 언론은 거의 매번 나의 제안을 〈요구〉로 바꾸어 말한다. 내 머릿속에 어떤 아이디어나 제안이 떠오르든 상관없이 항상 얼마 뒤에는 내가 뭔가를 〈요구했다〉는 기사가 올라온다. 독일에서 철학자들은 사회적 변화를 요구할 만큼 충분히 비중 있는 존재가 아닐뿐더러 설사 그렇다고 해도 나는 그럴 생각이 없다.

2년 동안의 사회적 봉사가 갖는 의미는 자기 효능감의 경험에 있다. 충만한 삶은 무엇일까? 이 질문과 관련해서는 각양각색의 답이 가능하지만, 대체로 **비타 악티바** vita activa, 즉 사회적으로 실천하고 행동하는 삶과 연결되어 있다. 고독, 방관, 무관심은 물론이고 심지어 끊임없는 오락과 지속적인 쾌락 충족도 일반적으로 충만한 삶이 아니다. 사회적인 노력과 수고, 책임을 동반하는 일만이 삶의 성과이자, 의미 실현으로서 즐겁게 받아들여진다.

〈행복 경제학〉 같은 분과들은 이런 인식을 중심으로 돌아간다. 그러나 인간의 감정 역학은 게으름의 욕망뿐 아니라 육체적으로든 정신적으로든 쾌락의 신속한 충족 같은 다른 법칙을 따른다는 사실도 잘 알려져 있다. 의무는 즐기거나 흔쾌히 수행되는 경우가 드물다. 권력이나 영향력 획득과 관련된 의무가 아니라면 말이다. 그런데 자신이 원하거나 청한 일이 아님에도 교육과 종교, 혹은 직장에서 자신에게 주어진 의무를 성실히 수행한 사람들은 스스로 자랑스러워할 때가 많다.

이것은 오늘날 독일에서 은퇴한 뒤 평균 63세에 연금 생활자로 들어가는 세대에도 해당된다. 이들의 평균 수명은 80~85세이고, 앞으로는 점점 늘어날 것으로 보인다. 그러니까 많은 사람이 〈은퇴 상태〉에서 20년 이상, 때로는 심지어 30년을 더 살아야 한다. 부모나 조부모 세대와 비교하면 굉장히 긴 시간이다. 그렇다면 오늘날의 은퇴자에게는 생애의 3분의 1이 아직 남아 있다. 그것도 100여 년 전의 노동자나 직장인의 관점에서 보면 거의 낙원과 같은 상태로 말이다. 2021년 은퇴자들의 육체적 상태는 100여 년 전과 비교할 수 없을 정도로 좋다. 의료 시스템의 획기적 개선과 건강한 영양, 그리고 무엇보다 산업 사회에서 서비스 사회로의 변화가 만든 성취다. 오늘날의 서구 세계만큼 이렇게 건강하고, 활력 넘치고, 뛰어난 능력을 갖춘 세대는 일찍이 역사상 없었다.

이른바 시니어라 불리는 많은 은퇴자들은 주로 집에서 자녀와 손자를 돌보며 지낸다. 사회적 활동을 하거나 자원 봉사를 하는 사람도 더러 있지만, 사회에 참여해서 공익에 기여하는 사람은 소수다. 상당수 사람은 개인 생활 외에 다른 일을 하지 않는다. 다른 한편으로,

외로움을 느끼고, 자신이 쓸모 없는 인간이 된 것 같아 괴로워하는 사람은 증가하고 있다. 게다가 직장에 다닐 때는 그렇게 열망하던 은퇴 생활도 막상 들어가고 나면 힘들어하는 사람이 적지 않다.

반면에 삶의 다른 세계를 알게 된 뒤 기존의 좁은 영역을 벗어나 사회에 기여하는 활동을 하는 사람은 자신의 쓸모 있음을 끊임없이 확인하는 경험을 한다. 그는 새로운 것을 배우고, 새로운 맥락에 적극적으로 참여한다. 이런 식으로 자신의 〈일상적인〉 활동 범위를 넘어 의미를 부여하는 많은 경험에 다다른다. 공익 근로로 병역을 대체한 사람들은 나중에 이런 말을 자주 한다. 결코 자발적으로는 하지 않았을 일이지만 그 일을 하는 내내 의미 있는 시간을 보냈고, 소중한 경험을 했다고 말이다. 이건 은퇴자에게도 해당된다. 비록 자발적으로는 하지 않을 때가 많겠지만, 일단 그런 일을 하면 자신들이 지금껏 쌓은 지식을 전달함으로써 남들에게 도움이 되는 귀중한 경험을 할 수 있다. 귀찮아서 그런 일을 하지 않으려는 사람도 있지만, 사실 주변에 그런 일을 하는 사람이 없어서 생각조차 못하는 사람도 많다. 주변에 그런 사람이 없으면 어떤 일을 해야 할지, 또는 어떻게 그 일을 시작해야 할지 알기는 어렵다.

자기 나라를 위한 봉사 의무가 사회적으로 긍정적인 결과를 낳는다는 주장은 가령 스위스에서 예전부터 병역 의무의 찬성 근거로 제시된 중요한 논거였다. 의무 앞에서는 만인이 평등하고, 모두가 함께 국가에 복무하는 것은 시민들의 일체감과 연대감을 강화한다. 그런데 그를 위해 반드시 병역 의무가 필요한 것은 아니고, 〈보편적 의무 복무〉가 오히려 그 목적에 훨씬 더 부합할 수 있다. 이는 스위스 국민 발안으로 제출된 〈병역 의무 폐지안〉의 핵심 논리다. 이 발안은 2013년에 실시된 국민 투표에서 부결되기는 했지만, 사회적 이득의 논거 면에서는 병역 의무 찬성론자들보다 한층 탄탄했다. 병역 의무가 있는 스위스인 중 약 18퍼센트는 징병 검사에서 부적합 판정을 받고, 끝까지 병역을 수행하는 사람은 30퍼센트에 그친다는 것이다. 게다가 〈보편적 의무 복무〉 또는 〈사회적 의무 복무〉는 남자건 여자건 동등하게 사회에 봉사할 기회를 제공한다고 했다.

2년 간의 사회적 의무 복무는 독일 사회에 어떤 영향을 끼칠까? 그것을 이해하려면 일단 수치에 주목할 필요가 있다. 건강상의 이유로 중도에 학교를 그만두는 소수를 제외하면 독일에서 매년 고등학교를 졸업하는 학생 수는 약 80만 명에 이른다.[28] 정상적인 경우 최소한 열여덟 살인 인문계 학생들은 졸업 즉시 복무를 시작할 수 있고, 실업계는 직업 교육이나 실습을 마친 뒤에 시작하면 된다. 기민당도 반복적으로 제안한 그런 식의 사회적 봉사 의무에 대한 독일인들의 찬성 비율은 꽤 높다. 자원 봉사를 위한 전문 잡지 『볼룬타리스 *Voluntaris*』의 추정에 따르면 2020년 자원 봉사 시스템을 구축하는 데 드는 국가의 비용이 134억 유로라면[29] 자원 봉사로 인한 사회적 이득은 도와주는 쪽과 도움을 받는 쪽 모두에게 상상할 수 없이 크다고 한다. 양로원이나 병원에서 봉사하건, 아니면 자연 보호 활동이나 사회 복지 활동을 하건 간에 말이다.

반면에 은퇴 후의 의무 복무는 아직 가본 적이 없는 영역이다. 2021년 은퇴하거나 연금을 받는 사람은 고등학교 졸업생 수보다 약간 더 많다. 여기서 건강상이나 정신적인 이유로 의무 복무를 할 수 없는 사람을 제외해도 여전히 50만 명이 넘는다. 이들의 에너지와 축적된 삶의 지식은 사회를 위해 어떻게 쓸 수 있을까?

여러 가능성이 있지만 그중 전형적인 예를 하나 들어

보겠다. 독일에서는 매년 약 5만 명의 학생이 학업을 마치지 못하고 중도에 학교를 떠난다. 아마 좀 더 어렸을 때, 그러니까 초등학교 때 학업 지원과 생활 지도가 집중적으로 이루어졌다면 많은 학생이 나중에 고등학교를 무사히 졸업할 수 있었을 것이고, 그러면 성인이 되어 생계 지원이나 실업 연금을 받는 상황을 막을 수 있었을지 모른다. 초등학교 시절부터 그런 학생을 개인적으로 지원하려면 학업 및 생활 보조 교사 수만 명이 필요하다. 지방 자치 단체들은 그 정도 규모의 보조 교사를 확보하는 것은 재정적으로 어렵다고 말한다. 이 지점에서 아이디어가 떠오른다. 사회적 의무 복무를 해야 하는 청년과 은퇴자 중에서 지원자를 뽑아 단기 교육을 시킨 뒤 보조 교사로 학교에 보내 학업을 따라가지 못하는 아동 청소년을 맨투맨 방식으로 돕게 하는 것은 어떨까? 이건 성공할 가능성이 매우 높다. 도움이 필요한 학생들에게는 새로운 기회가 생기는 셈이고, 도움을 주는 사람에게는 자기 효능감을 느낄 기회이기 때문이다. 게다가 그로써 사회 복지 기금의 부담도 대폭 줄일 수 있다.

이것은 많은 가능성들 가운데 한 가지 제안일 뿐이다.

상상할 수 있는 활용은 무수히 많다. 의무 복무자들의 자유로운 선택이나 상담 결과에 따라서 말이다. 사회적 의무 복무는 사회적 안정성과 관용, 삶의 의미, 사회적 비용 경감, 세대 상호 간의 이해에 도움이 된다. 달리 표현하자면 새로운 시민 문화와 새로운 사회 계약으로 나아가는 중요한 첫걸음일 수 있다.

그런데 내가 2011년 이 아이디어를 처음 제안했을 때에는 그것의 사회적 유용성에 대한 공감보다는 극심한 거부 반응을 포함해 온갖 의구심이 난무했다. 이 제안의 진정성을 다시 한번 명확히 밝힌다는 의미에서 나는 내가 아는 기존의 모든 반박과 오해를 상세히 기술한 뒤 최대한 반론을 펴보겠다.

우선 이 제안이 허약한 노인들에게는 강제 노동이나 다름없다는 비난은 명백한 오해다. 독일 제1공영방송 ARD의 TV 토크쇼 「아네 빌Anne Will」에서는 내 제안을 언급하면서 휠체어를 탄 고령자들의 영상을 보여 주었다. 자기 몸 하나 건사하기도 힘든 사람에게까지 〈강제 노동〉을 시켜야겠느냐는 뜻이다. 그러면서 공항에서 마요르카로 여행을 떠나는 80세 이상의 노인들에게 그런 형태의 사회 의무 복무를 어떻게 생각하느냐고 물었다. 의도가 너무 뻔한 질문이었다. 이런 질문에 담긴 비난은 당연히 내 제안의 원래 뜻과는 아무 상관이 없다. 고령자와 육체적으로 허약한 사람에게까지 의무를 부과하자는 것은 아니기 때문이다.

두 번째 비난은 사회적 의무 복무를 하는 동안 시니어들에게 발생할 수 있는 재정적 압박과 어려움에 관한 것이다. 그렇지 않아도 빈약한 연금으로 생활이 빠듯한 사람은 의무 복무 기간 중에 화장실 청소나 택시 운전 같은 일을 하면서 벌어들일 수 있는 부수입의 기회를 놓친다는 것이다. 나는 오래전부터 최소 1,200유로의 기초 연금을 지지했고, 더 나아가 연금 생활자까지 포함해서 모든 국민에게 무조건적으로 기본 소득을 지급하자고 주장해 왔다. 모든 연금 생활자들이 노년에도 인간답게 살 수 있도록 최소한의 기초 연금을 지급하자는 구상은 수많은 전문가들의 지지를 받고 있다. 그렇다면 답은 분명하다. 사회적 의무 복무로 인해 연금 생활자들이 경제적 압박에 시달릴 거라는 비난은 기초 연금만 도입하면 완벽하게 그 근거를 잃을 것이다.

세 번째 비난은 평생을 〈고생고생하며 얻은 연금 생활〉인데, 그걸 즐길 기회를 박탈하고 꼭 그렇게 강제 노

동으로 삶의 황혼기를 보내게 해야겠느냐는 것이다. 이
것은 한 가지 오해에 여러 가지 미심쩍은 가정이 뒤섞
인 잡탕 논거다. 물론 독일에도 분명 힘들게 〈고생고생
하며〉 생계를 꾸려 나가는 사람들이 있다. 건축 현장에
서 일하고, 밭에서 아스파라거스를 뽑고, 용광로에서
땀을 흘리고, 석유 시추 현장에서 힘겹게 일하는 사람
들이다. 하지만 독일에서는 현재 그런 고된 일의 상당
부분은 연금과 크게 상관이 없는 임시직 노동자나 이주
노동자들이 대신하고 있다. 반면에 만일 학교에서 〈고
생고생하며〉 돈을 벌었다고 생각하는 교사가 있다면 그
건 원래 그 일에 맞지 않은 사람이었을 가능성이 높다.
그건 세무 공무원이나 굴뚝 청소부, 사무직 근로자, 의
류 판매원, 댄스 강사, 변호사, 플로리스트, 인사팀장 같
은 직업도 마찬가지다. 물론 그런 일의 가치를 폄하하
거나 그 일을 쉽게 생각해서 하는 말은 결코 아니다. 다
만 정말 뼈빠지게 〈고생고생하며〉 일했다고 불평하는
사람은 조부모나 증조부모의 삶과 노동을 잠시 돌아보
거나, 벨라루스, 중국, 카타르, 루마니아 같은 나라의 노
동자들을 떠올려 보길 바란다. 게다가 사회적 의무 복
무가 수십 년 동안 하는 것도 아니고, 고작 1년 동안 일

주일에 15시간만 한다는 사실도 기억했으면 좋겠다. 그것도 자신의 성향이나 형편에 맞게 일을 자유롭게 선택할 수 있는 상황에서 말이다. 아마 이전의 어떤 직장에서도 의무 복무만큼 그렇게 좋은 환경에서 일하는 사람은 극소수일 것이고, 그렇게 큰 만족과 자기 효능감을 느끼는 사람도 거의 없을 것이다.

이 비난의 또 다른 문제점은 사회적 의무 복무가 은퇴자들에게는 일종의 〈벌〉이라는 일방적인 비방이다. 대체 여기에 어떤 불법 행위가 있기에 벌이라고 하는지 도무지 알 수가 없다. 마찬가지로, 고등학교 졸업생의 사회적 의무 복무는 일반적으로 벌로 여겨지지 않는 반면에(병역 의무도 벌이라고 비난한 사람은 없었다) 왜 시니어들의 의무 복무만 그렇게 판단하는지 이해가 안 된다. 시니어들은 이미 충분히 일을 했기 때문에? 그렇다면 묻고 싶다. 세무 공무원이나 사무직 근로자, 변호사는 무엇을 위해 일했는가? 공동체를 위해, 아니면 돈을 위해? 솔직한 동기는 무엇이었을까? 공동체를 위해 정말 중요하고 필요한 일을 하고 싶어서 버스 운전을 하는 사람이 있을까? 사회적 공익을 위해 버뮤다로 날아가는 비행기 조종사가 있을까? 그렇다면 커피와 과

자를 먹으면서 여덟 살짜리 아이에게 보충 수업을 해주거나, 전직 은행 지점장이 일주일에 세 번 자영업자에게 상담해 주는 것이 어떻게 벌일까? 이런 활동을 벌이라고 한다면 그 개념을 굉장히 관대하게 받아들이는 사람일 뿐 아니라 그 자체로 상당히 이상한 해석이다.

네 번째 반박은 이렇다. 독일에서는 그런 의무를 법으로 정해 놓지 않아도 이미 많은 사람이 자원 봉사의 형태로 사회적 기여를 하고 있다는 것이다. 그런데 이게 어떤 점에서 사회적 의무 복무에 대한 반대 논거가 되는지 알다가도 모르겠다. 충분하지는 않아도 많은 사람이 자원 봉사 활동을 하고 있다는 것은 무척 반갑고 환영할 일이지만, 그것이 앞서 언급한 사회적 의무 복무의 사회적 이점을 대체하지는 못한다. 왜냐하면 이 제도는 무엇보다 지금껏 공익을 위해 **아무 일도 하지 않은 사람**은 물론이고 그런 사회적 활동을 자신의 의무로 전혀 또는 충분히 느끼지 못하는 사람들을 공익적 활동으로 끌어들이는 것이 목적이기 때문이다. 게다가 오랫동안 사회적 공동선을 위해 봉사해 온 사람은 본인 의사에 따라 시니어 연령대의 의무 복무를 하지 않아도 된다. 지금껏 자신이 해왔던 공익 활동을 증명하면 의무 복무에서 면제될 수 있기 때문이다. 사회적 의무 복무를 거부하는 사람은 그전에 어차피 봉사 활동을 했던 사람이 아니라 타인을 위해 단 한 번도 봉사한 적이 없는 사람일 가능성이 무척 높다.

덧붙이자면 독일에서 시민 참여와 봉사 활동이 차지하는 위상은 퍽 이상하다. 한편으로 정치인들은 수많은 독일인의 봉사 활동을 보여 주는 통계 숫자를 무척 흐뭇하게 바라본다. 실제로 그 숫자는 약 1700만 명에 이르고, 그중 4분의 1가량이 70세 이상이다.[30] 이런 활동에서 가장 큰 몫을 차지하는 분야는 스포츠클럽이다. 그런데 지역 스포츠클럽에서 단장 직을 맡거나 무보수로 회계 일을 하는 것은 진정한 〈시민 참여〉의 범주에 넣기 어려운 측면이 있다. 하지만 그런 사람을 제외하더라도 독일은 자원 봉사자 수가 꽤 많은 편에 속한다. 그럼에도 국가는 이런 활동들에 대해 쓸데없는 훈장과 상장이나 수여하고, 〈자원 봉사자의 날〉 같은 의미 없는 기념식만 거행한다. 그런데 그조차도 부실하기 짝이 없다. 수십 년간 자원 봉사 활동을 해온 사람에게 수여되는 공로 메달이나 공로 십자 리본은 공로 훈장의 최하위 등급에 속한다. 최고 표창은 대개 직업 정치인이나 제후, 기업인들에게 돌아간다. 봉사와 시민 참여에 대한 경시가 이보다 더 뚜렷할 수는 없다. 따라서 현재의 자발적 봉사 활동만으로도 충분하니까 사회적 의무 복무는 도입할 필요가 없다고 생각하는 사람은 현 상태를 바꾸지 말고 그대로 유지해 나가자고 주장하는 것이나 다름없다.

다섯 번째 반박은 한결 실질적이다. 사회적 의무 복무 자체를 반대하는 것이 아니라 실행상의 문제점을 지적하기 때문이다. 의무를 기피하고, 그 일을 절대 하지 않으려는 사람은 어떻게 제재해야 할까? 시니어를 상대로 병역이나 대체 복무 기피자처럼 물리력을 동원해서 강제로 징집하는 것은 사회적으로 도저히 받아들여질 수 없다(혹시 고등학교 졸업생에게는 그게 가능할지 몰라도). 그렇다고 연금을 삭감하겠다고 위협하고 실제로 집행하는 것도 문제다. 사회적으로 불공평하기 때문이다. 예를 들어 마요르카에 사는 억만장자는 그런 위협에 눈 하나 깜박하지 않겠지만, 기초 연금으로 생활하는 저소득자에게는 심각한 위협이 될 수밖에 없다. 사회적으로 그렇게 불공평한 제재는 당연히 평등 원칙에 어긋난다. 그런데 적합한 제재 방법을 찾기 전에 그게 실제로 그렇게 중요한 일인지부터 고민해 봐야 한다. 병역 의무가 도입되어 폐지되기까지 병역과 대체 복무 의무를 따르지 않은 사람의 수는 극히 적었다. 그건 단순히 집으로 찾아올 군 경찰에 대한 두려움 때문만이 아니었다. 그렇다면 사회적 의무 복무도 처음에는 시행착오가 있겠지만 한동안 시행하다 보면 많은 사람들에 의해 배척당하지 않을뿐더러 미래 세대는 자연스럽게 받아들일 가능성이 크다. 과거의 병역 의무와 대체 복무도 다르지 않았다. 그게 아니더라도 레스토랑에서의 흡연 금지처럼 격렬한 논쟁 끝에 시행된 다른 사회적 변화를 생각해 보라. 흡연 금지는 도입된 지 몇 년도 지나지 않아 지극히 당연한 일로 받아들여졌다.

여섯 번째 반론은 사회적 의무 복무가 기존의 일자리를 앗아갈 거라는 염려다. 진지한 고민이 필요한 대목이지만 해결책이 없는 것도 아니다. 핵심은 의무 복무의 틀 안에서 이루어지는 모든 활동을 기존의 직업이 미치지 못하는 영역이나 그 직업을 보조하는 일로 제한하는 것이다. 그것은 얼마든지 가능해 보인다. 예를 들어 사회적으로 어려운 환경에 처한 초등학생의 보충 수업, 양로원에서 책 읽어 주기, 두꺼비 구호 활동, 새 둥지 만들기, 유소년 스포츠클럽 훈련 같은 일을 직업으로 삼는 사람은 아직 독일에 없다.

고등학교 졸업자와 은퇴자들의 사회적 의무 복무에 제기되는 가장 무거운 반박은 법적 근거다. 이와 관련해서는 당연히 상세한 고찰이 필요하다. 자유민주주의 국가는 국민의 의무를 정하는 것과 관련해서 어느 정도 재량권이 있는 것이 사실이다. 가령 일부 나라는 유치원 의무 교육을 실시하지만, 다른 나라들은 그렇지 않다. 스위스는 일괄적으로 의무 교육을 강제하지 않고, 일부 주에서는 홈스쿨링을 허용한다. 게다가 룩셈부르크와 리히텐슈타인, 그리스 같은 나라에는 투표의 의무가 있다. 오스트리아의 여러 주에서도 오랫동안 지방의회 선거에서 투표의 의무를 부과했다. 그러나 1년 또는 2년간의 사회 복무를 의무화한 곳은 어디에도 없다. 그렇다면 이건 인류 역사상 처음 시작하는 일이다.

사회적 의무 복무를 비판하는 사람들은 주로 헌법 12조를 근거로 댄다. 〈1항: 모든 독일인은 직업, 작업장, 교육장을 자유롭게 선택할 권리가 있다. 직업의 행사는 법률에 의하거나 법률에 근거해서만 제한할 수 있다. 2항: 누구나 관습적이고 일반적이며, 모두에게 평등한 공공 역무를 제외하고는 특정한 노동을 강요당하지 아니한다. 3항: 강제 노동은 오직 법원이 명령한 자유 박탈의 경우에만 허용된다.〉[31] 이런 의미에서 연방 의회의 입법 조사처는 사회적 의무 복무가 독일에서 시행되려면 〈새로운 법적 근거가 필요하다〉는 점을 분명히 했다. 그건 곧 이 제도에는 헌법 12조 2항에서 규정한 〈관습성〉이 없다는 말이다. 따라서 그에 상응하는 수정 없이는 기본법과 일치하지 않는다. 〈12조 2항과 3항은 노동 강요와 강제 노동으로부터의 자유에 대한 기본권을 일관되게 정해 놓고 있다. 여기서 자유는 개인의 육체적 또는 정신적 활동의 의무로부터의 자유이고, 여기서 활동은 다른 의무의 단순한 부수적 결과가 아니고 사소한 비용을 야기하는 것도 아니고, 반항적 의지에 따라 거부할 때는 국가의 물리적·심리적 대응 수단으로 관철되는 활동이다. 보편적 사회 의무 복무가 이에 해당한다. 왜냐하면 여기서는 활동이 의무의 중심에 서 있고, 국민이 자발적으로 수행하는 것이 아니고, 또한 이 제도를 관철하려면 위반 행위가 있을 시 처벌 위협이 불가피하기 때문이다.〉[32]

그렇다면 헌법 12조는 어떤 역사적 배경에서 생겨났

을까? 이 조항은 소비에트 전체주의의 강제 노동 프로그램과 영국, 벨기에, 프랑스, 독일의 해외 식민지에서 실시된 강제 노동의 경험으로 거슬러 올라간다. 국제 노동 기구(ILO)는 인간 이하의 이 경멸스러운 경험을 토대로 1930년에 강제 노동 또는 의무 노동에 관한 국제 협약을 체결했다.[33] 독일 연방 공화국은 그로부터 26년이나 지난 1956년 6월 13일에 나치 치하에서 겪은 강제 노동 프로그램의 경험을 떠올리며 이 협약을 비준했다. 강제 노동 또는 의무 노동에 관한 국제 노동 기구 협약의 1조 1항은 다음과 같다. 〈이 협약에 가입한 모든 ILO 회원국은 모든 형태의 강제 노동 또는 의무 노동을 최대한 신속히 폐지할 의무가 있다.〉 이어 2조 1항은 이렇게 규정한다. 〈강제 노동 또는 의무 노동이란…… 처벌의 위협으로 요구되거나 자발적 의사가 보장되지 않은 모든 종류의 노동이나 복무를 말한다.〉 단, 2조 2항에 따르면 병역과 재난 상황에서의 강제 동원, 나아가 〈한 나라의 통상적인 시민적 의무에 속하는 노동이나 복무…… 그리고 공동체의 안녕에 직접적으로 기여하고, 공동체 구성원 모두가 수행하고, 따라서 공동체 구성원의 통상적인 시민적 의무에 합당한 소규모 공동 작업〉은 강제 노동의 규정에서 제외된다. 여기서 국제 노동 기구는 이 모든 노동이 불시에 강제 노동으로 바뀌지 않으려면 합당한 노임이 보장되어야 한다고 규정한다.

강제 노동 또는 의무 노동 폐지의 의미를 더 잘 이해하려면 국제 노동 기구가 구체적인 위험으로서 어떤 형태의 노동을 적시했는지 살펴볼 필요가 있다. 1957년에 수정된 강제 노동 철폐에 관한 협약 1조 1항에 그 위험들이 나와 있다. 〈a) **특정한 정치 견해**를 사람들에 대한 정치적 강요나 교화, 또는 **처벌** 수단으로서의 노동, b) **경제 개발** 목적으로 노동력을 동원하고 사용하는 수단으로서의 노동, c) **노동 교화** 수단으로서의 노동, d) **파업 참여에 대한 처벌** 수단으로서의 노동, e) **인종적, 사회적, 민족적, 종교적 차별** 수단으로서의 노동.〉[34]

여기서 알 수 있듯이 내가 제안한 사회적 의무 복무는 이런 위험 중 어디에도 포함되지 않는다. 그러니까 어떤 형태의 처벌도 아니고, 국가나 기업에 의한 노동력 착취도 아니다. 또한 노동을 통한 교화나 차별에도 해당하지 않는다.

ILO 협약은 이후에 체결된 법률과 협정의 토대로 수차례 사용되었다. 독일 헌법의 아버지들도 강제 노동 금지 조항을 작성할 때 이 협약을 기준으로 삼았다. 앞서 인용했듯이 독일 헌법 12조 2항에는 이렇게 규정되어 있다. 〈누구나 **관습적이고 일반적이며, 모두에게 평등한 공공 역무를 제외하고는** 특정한 노동을 강요당하지 아니한다.〉 헌법은 국가에 대한 시민의 저항권을 명확히 적시한다. 여기서도 핵심은 하나다. 국가든 사기업이든 어떤 누구도 강제 노동으로 경제적 이득을 보거나, 그것을 이데올로기적 목적에 악용하지 못하도록 막아야 한다는 것이다. 그에 반해 경제적·이데올로기적 악용 의도와는 전혀 상관이 없는 공공 의무 복무는 법원에 의한 명령이 있고 자의적으로 실시되지 않는 한 헌법에 의해 단호하게 배척되지 않는다.

1966년 12월 19일에 채택된 시민적-정치적 권리에 관한 국제 규약도 비슷한 맥락에서 그런 형태의 공공 의무 복무를 허용한다. 이 규약의 제3부 8조 3항에 이렇게 규정되어 있다. 〈공동체의 존립이나 안녕을 위협하는 긴급 사태나 재난 시에 필요한 모든 복무〉와 〈**시민의 통상적 의무에 속하는 모든 노동이나 복무**〉는 원칙적으로 인정된다. 그 밖에 유럽 평의회 회원국들이 맺은 유럽 인권 조약(정식 명칭: 인권 및 기본 자유의 보호를 위한 협약)에도 동일한 내용이 명시되어 있다.

그렇다면 사회적 의무 복무의 적법성은 〈시민의 통상적 의무〉와 〈공공 역무〉에 관한 정의에 달려 있다. 그러나 확고한 개념 규정은 없다. 국가의 사회적·정치적 구조는 헌법에 명확히 정해져 있지만, 시민의 의무는 가변적일 뿐 아니라 사회적 변동에 좌우된다. 다만 우리는 이렇게 추정할 수 있다. 독일 헌법의 아버지들이 강제 노동에 관한 금지 조항을 만들면서 앞으로 일어날 사회적 발전까지 막을 의도는 없었을 거라고 말이다. 그들에게 무엇보다 중요했던 것은 나치가 제국 노동 봉사단(RAD)부터 강제 수용소, 군수업체, 점령 지역에 이르기까지 다양한 방식으로 악용했던 강제 노동의 폐해를 예방하는 것이었다.

정치에 대한 지식이 웬만큼 있는 사람들 치고 현대 국가의 시민적 의무가 불법을 저지르지 않고 세금만 꼬박꼬박 내는 것으로 끝난다고 생각하는 사람은 극소수에 불과하다. 그런 식의 최소 국가는 급진적인 무정부주의자나 바람직한 것으로 여길 게 분명하다. 정부의 기능이 최소한으로 축소된 국가에서는 당연히 정당은 당원을 모집하기 어려울 뿐 아니라 설립 동기조차 얻기 힘들다. 민주주의 방식으로 돌아가는 사회는 정당의 형태로든, 아니면 단체나 공익 기관, 사적인 봉사의 형태로든 시민들의 다양한 참여로 유지된다. 한 사회가 보다 자유민주주의적으로 발전하려면 점점 더 활발한 시민 참여에 의존할 수밖에 없다. 모든 구성원이 자유는 최대한으로 누리면서 의무는 최소한으로 줄이려고 한다면 민주주의는 통제 불능의 혼돈 상태에 빠지고 만다.

이런 상황에서 헌법을 수정하든 수정하지 않든 〈시민의 통상적 의무〉에 대한 새로운 숙고는 당연히 필요하다.[35] 병역 의무의 폐지 이후 〈공공 역무〉의 총량은 줄어들었다. 정당과 교회, 노동조합, 공익 단체는 늘 후진 양성의 어려움을 하소연하지만, 실제로 젊은이들을 끌어들이고 그들의 마음을 사로잡을 만한 일은 별로 하지 않는다. 게다가 아무리 훌륭한 자발적 시민 참여도 앞서 언급한 토크빌 딜레마가 오늘날 우리 사회에 만들어 놓은 틈을 메우지 못한다. 의무의 망각, 책임감 부재, 이기주의는 자발적 참여자와 자원 봉사자들에게서 시작해서 나 하나만 잘살면 된다는 생각에 빠진 사람과 위기 시대에 연대를 거부하는 사람들에게로 넘어간 것이 아니다.

향후 몇 년 안에 그런 사회적 의무 복무가 독일에서 도입될 가능성은 희박하다. 일반적으로 사회적 유토피아는 독일에서 먼저 구상된 적이 없고, 네덜란드나 스칸디나비아 반도처럼 좀 더 작은 나라에서 생성된 뒤 넘어왔다. 그렇다면 다른 유럽 국가들이 사회적 의무 복무 제도를 도입한 뒤에야 독일에서도 가능할지 모른다. 물론 나는 내가 구상한 사회적 의무 복무를 통해 앞서 지적한 자유민주주의 국가의 모든 문제점이 해결될 거라고 생각하지는 않는다. 사회를 한 단계 진척시킬 좋은 아이디어라고 하더라도 양적으로 모든 것을 포괄하는 해결책이 될 수는 없고, 질적으로도 반론의 여지가 없는 완벽한 것일 수가 없다. 그렇다면 결국 희망은 하나다. 내 제안을 터무니없고 불합리한 것으로 여기는 사람들이 분발해서 좀 더 설득력 있는 훌륭한 제안을 내놓기만 바랄 뿐이다.

주

1 코로나 시대의 의무

1. 2020년 8월 설문 조사 참조: https://www.bundesregierung.de/breg-de/suche/umfrage-zu-massnahmen-1775544; 〈독일인 다수 (59퍼센트)는 코로나 팬데믹 극복을 위한 국가 조치가 적절하다고 여긴다. 이는 독일 제1공영 방송사 ARD 프로그램 「도이칠란트 트렌드 Deutschlandtrend」가 2020년 8월에 여론 조사 전문 기관 인프라테스트 디맵infratest dimap과 공동으로 실시한 조사 결과다. 그에 따르면 응답자의 28퍼센트는 심지어 국가의 조치가 충분하지 않다고 답했고, 코로나 조치가 과도하다고 느끼는 사람은 11퍼센트에 불과했다.〉

2020년 12월에 실시된 또 다른 설문조사도 비슷한 결과를 보여 준다. https://www.tagesschau.de/inland/deutschlandtrend-2461.pdf; 이에 따르면 응답자의 69퍼센트는 12월의 록다운 조치를 적절한 것으로, 16퍼센트는 충분하지 않은 것으로, 14퍼센트는 과도한 것으로 생각했다.

2 생체 정치의 출현

2. 존 스튜어트 밀, 『자유에 관하여*Über die Freiheit*』(원제: *On Liberty*), Reclam, 2018, p.19.

3. 같은 책, p. 109.

4. 미셸 푸코, 『생체 정치의 탄생: 통치성의 역사 II *Die Geburt der Biopolitik. Geschichte der Gouvernementalität II*』(원제: *Naissance de la biopolitique*), Suhrkamp, 2006.

빌리발트 슈트로네거의 다음 텍스트도 참조: 「과도한 연대와 부족한 연대: 미셸 푸코의 생체 정치적 관점에서 본 코로나19 팬데믹 Zwischen übersteigerter und fehlender Solidarität. Die Covid-19-Pandemie aus biopolitischer Perspektive nach Foucault」. https://www.researchgate.net/publication/341398182.

5. 오스트리아 사회학자 루돌프 골트샤이트의 다음 저서 참조.

『발전 가치론, 발전 경제학, 인간 경제학: 일종의 강령서*Entwicklungs-werttheorie, Entwicklungsökonomie, Menschenökonomie. Eine Programmschrift*』, Klinkhardt, 1908; 『상승 발전과 인간 경제학: 사회 생물학의 기초*Höherentwicklung und Menschenökonomie. Grundlegung der Sozialbiologie*』, Klinkhardt, 1911; 『여성 문제와 인간 경제학 *Frauenfrage und Menschenökonomie*』, Anzengruber-Verlag, 1924.

6. 프랑수아 에왈드, 『대비 국가*Der Vorsogestaat*』, Edition Suhrkamp, 1993.

3 국가의 역할

7. https://www.suedkurier.de/ueberregional/panorama/Warum-vieles-wahrscheinlicher-ist-als-Opfer-eines-Terroanschlags-zu-werden;art409965,8657606.

8. https://de.statista.com/themen/548/terrorismus/#dossier Summary-chaper2.

9. BVerfGE(헌법재판소) 96, 375 〈399f.〉 m.w.N.; https://www.servat.unibe.ch/dfr/bv096375.html.

10. 독일 헌법 2조에 따라 사후 인격권 보호는 예외.

11. 인간의 존엄성을 생명 위에 놓는 가장 중요한 이유는 지극히 세속적으로 보인다. 만일 생명권을 존엄성보다 상위에 둔다면 국가는 비상시에 남자들을 징집해서 전쟁터에 내보낼 수 없다. 시민적-자유주의적 이념에 따르면 전시 복무와 인간 존엄성은 모순되지 않는 것으로 여겨진다.

12. BVerfGE 39, 1: https://www.servat.unibe.ch/Dfr/bv039001.html. 참조.

13. BVerfGE 96, 375 〈399f.〉 m.w.N.; https://www.servat.unibe.ch/dfr/bv096375.html.

14. 주 1 참조.

15. 독일 헌법 2조 1항.

16. https://www.mpg.de/14756742/corona-lockdown-luftverschmutzung.

4 시민의 의무와 탈도덕화

17. 키케로, 『의무론 De officiis. Vom pflichtmäßen Handeln』, Reclam, 13.Aufl. 1984, p. 8f.

18. 같은 책, p. 225.

19. 같은 책, 같은 곳.

20. 알래스데어 매킨타이어, 『미덕의 상실: 현재의 도덕적 위기에 관하여 Der Verlust der Tugend. Zur moralischen Krise der Gegenwart』 (원제: After Virtue), Suhrkamp 1995; 찰스 테일러, 『불편한 현대 Das Unbehagen an der Moderne』(원제: The Malaise of Modernity, 한국어판: 『불안한 현대 사회』), Suhrkamp, 1995; 마이클 샌델, 『자유주의냐 공화주의냐: 시민 도덕의 필연성에 관하여 Liberalismus oder Republikanismus. Von der Notwendigkeit der Bürgertugend』, Passagen Verlag, 1995.; 마이클 샌델, 『공동선의 종말에 관하여: 성과 사회는 우리의 민주주의를 어떻게 갈기갈기 찢는가? Vom Ende des Gemeinwohls.

Wie die Leistungsgesellschaft unsere Demokratien zerreißt?』(원제: *The Tyranny of Merit. What's Become of the Common Good?*, 한국어판:『공정하다는 착각』), S. Fischer Verlag, 2020.

5 탈의무에 대하여

21. 에른스트 볼프강 뵈켄푀르데,「세속화 과정으로서 국가의 생성 Die Entstehung des Staats als Vorgang der Säkularisation」(1967),『법, 국가, 자유. 국가론과 헌법사에 관한 연구*Recht, Staat, Freiheit. Studien zur Staatstheorie und zum Verfassungsgeschichte*』, Suhrkamp, 1991, p.92와 p.112f.

22. 카를 마르크스,『유대인 문제』, 마르크스 전집 1권, p.347, p 370.

23. 알렉시스 드 토크빌,『미국의 민주주의*Über die Demokratie in Amerika*』, Reclam, 2020.

24. 같은 책 26장, p.264.

25. 같은 책 26장, p.265.

26. 대표적으로 다음의 저술 참조.

허버트 긴티스, 새무얼 보울러, 로버트 보이드(엮은이),『도덕적 감정과 물질적 이해관계: 경제 생활에서 협력의 토대*Moral Sentiments and Material Interests. The Foundations of Cooperation in Economic Life*』, MIT Press, 2005; 에른스트 페르, 지몬 게히터,「공공재 실험으로 본 협력과 처벌Cooperation and Punishment in Public Goods Experiments」,『미국 경제 리뷰*American Economic Review*』, Bd. 90, Nr. 4, 2000, p.980-994; 에른스트 페르, 지몬 게히터,「공정성과 보복: 호혜성의 경제학Fairness and Retaliation: The Economics of Reciprocity」,『경제 전망 저널*Journal of Economic Perspectives*』, Bd. 14, Nr.3, 2000, p.159-181.

6 사회적 의무 복무

27. 빌헬름 뢰프케, 『공급과 수요를 지나*Jenseits von Angebot und Nachfrage*』, Eugen Rentsch Verlag, 1958, p. 60.

28. https://de.statista.com/statistik/daten/studie/235973/umfrage/schulabsolventen-abgaenger-in-deutschland-nach-abschlussart/.

29. https://www.brandeins.de/magazine/brand-eins-wirtschaftsmagazin/2020/kommunikation/es-ein-verpflichtendes-soziales-jahr-gaebe.

30. https://de.statista.com/statistik/daten/studie/173632/umfrage/verbreitung-ehrenamtlicher-arbeit/.

31. https://www.gesetze-im-internet.de/gg/BJNR000010949.html.

32. https://www.bundestag.de/resource/blob/407368/43df3ffead238bcb3410889beece932d/WD-3-371-07-pdf-data.pdf.

33. https://www.ilo.org/wcmsp5/groups/public/---ed_norm/---normes/documents/normativeinstrument/wcms_c029_de.htm.

34. https://www.ilo.org/wcmsp5/groups/public/---ed_norm/---normes/documents/normativeinstrument/wcms_c105_de.htm.

35. 보편적 사회 의무 복무 제도의 헌법 합치성에 대해서는 다음 논문 참조.

슈테판 클레너, 「헌법 수정 없이도 가능한 사회 복무제Gesellschafts-dienst ohne Grundgesetzänderung」, 『법정치 잡지*Zeitschrift für Rechtspolitik*』, 6/2019, p. 178-180.

옮긴이의 말

개인의 자유와 국가의 책무

모두가 힘든 시기다. 금방 지나가리라는 예상은 빗나가고, 상황은 벌써 2년째 지속되고 있다. 평범한 일상은 무너지고, 대신 마스크와 거리두기가 일상이 되었다. 가까운 사람과 밥 한 끼 먹는 것조차 눈치가 보이고, 타인과는 늘 일정한 거리를 두어야 한다. 사회성을 박탈당한 사회적 동물이 집단적 멜랑콜리에 빠진 형국이다. 일상은 잃고 나서야 그 소중함을 알게 된다는 진실을 새삼 모두에게 일깨운 것이 뜻하지 않은 소득이라면 소득이다. 코로나 바이러스 얘기다.

오래전부터 바이러스라고 하면 컴퓨터 바이러스만 있는 줄 알았다. 눈부신 과학 기술 문명의 발달에 취해 우리 역시 생물학적 바이러스에 한없이 취약한 존재라는 사실을 잠시 깜박했다. 망각의 여파는 가히 태풍급이다. 상점이 문을 닫고, 도시가 봉쇄되거나 국경이 폐쇄되었다. 바이러스의 공격에 전 세계가 휘청거렸다. 그 와중에 마스크 착용이 의무화되고, 사람들 사이의 거리두기 지침이 마련되고, 모임 인원수가 제한되고, 백신 접종이 진행된다. 모두 국가가 시민을 보호하려는 조치다. 하지만 일각에서는 그런 조치에 반기를 들며 의혹을 제기한다. 원래 바이러스는 존재하지 않는다거나, 중국을 비롯해 백신 개발업체가 돈을 벌려고 비밀 실험실에서 만들어 퍼뜨렸다거나, 그 위험성을 너무 과장했다거나, 아니면 일부 정치인이 독재의 기반을 마련하고자 꾸민 음모라는 식이다.

주로 서구에서 벌어지는 이런 현상의 배경에는 여러 부류가 섞여 있다. 국가의 강압적 조치를 폭력으로 규정하며 개인의 자유를 지키겠다고 나선 급진적 자유주의자에서부터 정권에 무조건 반대를 외치는 극우주의자들, 현실적 빈틈을 자신의 허구적 상상으로 채우면서 스스로를 세상의 거짓과 싸우는 투사로 여기는 음모론자들, 체질적으로 속박을 싫어하는 히피들, 자신들의 생각만 옳다고 믿는 인터넷 속의 맹신주의자들, 귀 얇은 사람들, 사회에 불만을 품은 소외자들에 이르기까지 그 이념적 스펙트럼은 무척 다양하다. 이들은 서로 색깔이 너무 다른데도 국가 조치에 대한 저항의 기치 아래 마스크도 쓰지 않은 채 거리로 나와 당당하게 연대를 과시한다.

이런 움직임 속에서 철학자 프레히트는 국가와 시민의 의무를 성찰한다. 근대 국가는 시민의 행복 증진을 목표로 삼는다. 시민의 생명을 보호하고, 보건 정책으로 시민의 건강을 관리하고, 의무 교육 제도를 실시하고, 기회의 균등을 보장하고, 사유 재산을 보호하는 것도 모두 행복 증진을 위함이다. 그렇다면 여기서 이런 의문이 든다. 만일 개인이 〈나는 마스크를 쓰는 것이 행복하지 않다〉고 주장한다면 어떻게 해야 할까? 즉 공동체의 안전을 위한 국가 조치가 개인의 행복 추구와 충돌할 때는 어떻게 해야 할까? 국가는 전체 이익을 위해 개인의 자유를 제한할 수 있을까? 그럴 수 있다면 어디까지 가능할까?

바이러스에 직면해서 우리는 생물학적 운명 공동체라는 사실을 다시금 깨닫는다. 나의 행동이 타인의 건강과 직결된다는 점에서 우리는 하나로 밀접하게 연결되어 있다. 불편하다고 해서 마스크를 쓰지 않는 행동은 타인에 대한 위협이다. 그런 행동은 공동체의 안위를 위해 규제될 수밖에 없다. 〈나의 자유는 타인의 자유가 시작되는 곳에서 멈춘다〉는 존 스튜어트 밀의 말이나 〈의무란 우리에 대한 타인의 권리〉라는 니체의 말을 굳이 들먹이지 않더라도 개인의 자유 및 행복 추구는 타인의 생명을 위협하는 순간 중단되어야 한다.

과거에는 국가가 복종의 대상이었다면 오늘날엔 만능 서비스 업체 정도로 여겨진다. 시민은 이제 국가에 많은 것을 요구하고, 자유민주주의가 진전될수록 요구의 수준은 높아진다. 이는 역사의 놀라운 진보다. 계약이건 신의 뜻이건 과거에는 국가와 백성이 명백한 지배와 피지배의 관계였다면 이제 국가는 시민의 안녕을 돌보고 위험까지 사전에 차단하는 〈돌봄 및 대비 국가〉의 형태로 변했기 때문이다. 국가의 서비스가 마음에 안 들면 이제는 누구나 비판할 수 있고, 자신과 생각이 다르면 의무를 내팽개치기도 한다. 그렇다고 국가 입장에서 그런 시민들에게 무작정 제재를 가할 수는 없다. 생각이 다른 시민들까지 포용하는 것이 자유민주주의 사회의 의무이자 강점이기 때문이다.

사실 이 책에서 얘기하는 상황은 우리와는 좀 거리

가 있다. 우리나라에서는 마스크 착용이나 거리두기 같은 조치에 반대하는 시위가 공공연히 벌어지지 않고, 바이러스에 관한 음모론이 난무하지도 않는다. 그런 가운데 봉쇄 같은 과격한 위기 관리 조치를 취하지 않으면서도 인명 피해와 경제적 피해를 최소화했다는 평가를 받는다. 우리의 이런 성공적 대처를 두고 서양 사람들의 평가는 엇갈린다. 대체로 우리의 성숙한 참여 의식과 시민적 주인 의식에서 원인을 찾는 사람이 많지만, 일각에서는 유교의 가부장적 체제나 과거 권위주의 정권에 대한 순응 습관에서 원인을 찾기도 한다. 그런데 원인은 좀 더 근본적인 데 있는 듯하다. 전통적으로 개인주의 문화에 뿌리를 둔 서양은 개인의 자유와 자기 결정권을 어떤 가치보다 중시하는 데 반해 공동체 문화에 뿌리를 둔 우리는 〈전체〉의 이익을 위해서는 개인적 권리를 유보할 수 있다는 데 상당 부분 공감한다.

그럼에도 우리는 팬데믹 상황에서 맞닥뜨리고 있는 국가의 역할과 시민적 의무를 두고 벌어지는 반발과 저항을 가벼이 여길 수 없다. 프레히트는 현재의 위기를 넘어 앞으로 닥쳐 올 훨씬 더 큰 위기, 즉 기후 위기에 대비해서라도 시민의 공동체 의식을 높일 방안을 진지

하게 고민한다. 사회적 관계 속에서 싹트는 자기 효능
감의 증진이 그것인데, 이를 높이기 위해 프레히트는
〈사회적 의무 복무〉를 제안한다. 우리에게는 아직 머나
먼 일이라는 느낌이 들기도 하지만, 언젠가는 우리도
병역 의무가 폐지되리라는 점을 감안하면 결코 남의 일
이 아니다.

2021년 10월
박종대